Hans-Martin Lübking

# Alles zu seiner Zeit

Andachten
und Texte durch
das Jahr

# Inhalt

# Vorwort

Alles zu seiner Zeit – dieser sprichwörtliche Satz erinnert daran, dass das Leben einen heilsamen Rhythmus hat. Im Winter freuen wir uns auf den Frühling, im November auf den Advent, alle freuen sich auf den Urlaub oder die Ferien im Sommer. Wir leben in Zeitrhythmen, die wir nicht verändern sollten. Es gibt eine Ordnung der Zeit, die nicht beliebig ist. Weihnachten ist im Dezember, Ostern ist im Frühling und im November kommen die stillen Tage.

In unseren Breiten hat das Kirchenjahr mit seinen Festen und Zeiten über Jahrhunderte den Jahreslauf ganz wesentlich mitbestimmt und den Menschen geholfen, in einem sinnvollen Rhythmus der Zeit zu leben. Die Bedeutung der kirchlichen Feste ist in der Öffentlichkeit stark zurückgegangen. Manche Feste wie Johannis oder Michaelis spielen heute keine Rolle mehr. Andere wie Ostern oder Christi Himmelfahrt sind in den letzten Jahrzehnten inhaltlich erheblich umfunktioniert worden. In den Andachten und Texten zu diesen Festen ist es mir wichtig, an den ursprünglichen Sinn dieser Tage zu erinnern und zugleich die auch heute noch aktuellen Impulse dieser Feste hervorzuheben.

Zu den kirchlichen Festen sind in den letzten Jahrzehnten besondere Gedenktage hinzugekommen, die an historisch bedeutsame Ereignisse oder zentrale gesellschaftliche Themen erinnern – wie etwa der Holocaust-Gedenktag, der 1. Mai, der Weltflüchtlingstag oder der Tag der Menschenrechte. Es sind Tage historisch-kultureller Erinnerung. Indem sie gefeiert werden oder an sie erinnert wird, behalten wichtige Ereignisse und Themen einen festen Ort im öffentlichen Bewusstsein.

Dabei kann die Kirche eine wichtige Rolle spielen. Indem sie mit Gottesdiensten, Andachten oder Veranstaltungen zu einer würdigen Gestaltung dieser Gedenktage beiträgt, nimmt sie auch Verantwortung für eine demokratische Entwicklung der Gesellschaft wahr.

Die 53 Andachten und Texte des Buches wollen helfen, die wichtigen Tage und bedeutsamen Zeiten im Jahr bewusst wahrzunehmen. Daraus kann, davon bin ich überzeugt, eine Stärkung im Glauben und eine Ermutigung zum Leben erwachsen.

Jeder der zwölf Abschnitte wird mit einer Abbildung aus der Kunstgeschichte eingeleitet.

Viele der hier versammelten Texte habe ich in den letzten Jahren in der wöchentlichen Andacht der »Versorgungskasse für Pfarrer und Kirchenbeamte« und der »Kirchlichen Zusatzversorgungskasse« mit Sitz in Dortmund vorgetragen. Seit 35 Jahren halte ich dort Andachten. Die Freundlichkeit der Mitarbeiterinnen und Mitarbeiter sowie die perfekte Organisation der Andachten sind ungewöhnlich. Ich kann sie anderen kirchlichen Einrichtungen nur empfehlen.

Ich widme dieses Buch darum den Mitarbeiterinnen und Mitarbeitern dieser beiden Versorgungskassen.

Dortmund, im Februar 2024 *Hans-Martin Lübking*

Der Engel von Reims, Kathedrale Notre-Dame de Reims (1211-1300)

# Der lächelnde Engel von Reims

Der lächelnde Engel von Reims ist eine um 1250 entstandene Skulptur im gotischen Stil. Sie steht an der Westfassade der Kathedrale von Reims, in der im Mittelalter die französischen Könige gekrönt wurden. Der Engel wurde schwer beschädigt, als deutsche Truppen im Ersten Weltkrieg die weltberühmte Kathedrale beschossen. Der Kopf des lächelnden Engels wurde abgeschlagen und zerbarst beim Aufprall in mehrere Teile. 1926 erhielt der Engel seinen Kopf zurück.

Der lächelnde Engel von Reims: Was hat er nicht schon alles erlebt, wie viel hat er mitgemacht? Aber er lächelt! Allen Verwundungen zum Trotz. Ein überzeugendes Zeichen des Trostes und der Hoffnung. Engel sind Boten Gottes. In den biblischen Texten der Advents- und Weihnachtszeit wird immer wieder von Engeln erzählt. Sie verkünden die gute Nachricht vom Kommen Gottes in diese Welt.

# Der Herrnhuter Stern

Adventszeit ist Lichterzeit. Die Einkaufsstraßen sind hell erleuchtet, Lichterketten hängen um die Bäume und in den Häusern und Wohnungen wird dekoriert: Kerzen in jeder Farbe und Deko-Sterne, in allen Größen und Formen.

Ein Stern fällt in dieser Lichterflut besonders auf: der Herrnhuter Stern. Früher sah man ihn fast nur in Kirchen, inzwischen hängt er auch in vielen Häusern und für viele ist es inzwischen ein festes Ritual. Zu Beginn der Adventszeit holen sie den Karton hervor und packen vorsichtig die Einzelteile aus. Die Montage des geometrischen Gebildes erfordert Konzentration und Fingerspitzengefühl. Viele Menschen zelebrieren mit dem Zusammensetzen ihres Herrnhuter Sterns ganz bewusst den Beginn der Adventszeit.

Ein echter Herrnhuter Stern hat 25 Zacken, 17 viereckige und 8 dreieckige und eine Öffnung für das Kabel. Es gibt die Sterne inzwischen in vielen Farben, aber eigentlich sind sie weiß, gelb oder rot, traditionell die Farben für Jesus Christus.

Die ersten Herrnhuter Sterne bastelten vor 200 Jahren die Internatsschüler der evangelischen Brüdergemeine aus Papier und Pappe. Das waren meist Kinder der Missionare, die in Suriname, Tansania, Labrador oder anderen entlegenen Missionsgebieten tätig waren. Mit 6 Jahren wurden sie nach Deutschland geschickt, um hier ihre Schulbildung zu erhalten. Ein Mathematiklehrer ließ die Sterne bauen, um den Schülern geometrisches Verständnis beizubringen. Fortan bastelten die Kinder stets am 1. Advent die Sterne und trugen diesen Brauch dann auch in die Familien. Für die von Heimweh geplagten Kinder, deren Eltern so unvorstellbar weit weg waren, wurde das Sterne-Basteln zu einem tröstlichen, gemeinschaftsstiftenden Tun.

Schon Ende des 19. Jahrhunderts konnte man die immer beliebter werdenden Herrnhuter Sterne als Bausatz beim Herrnhuter Buchhändler bestellen. In DDR-Zeiten übernahm die »VEB Oberlausitzer Stern- und Lampenschirmfabrik« zunächst den Versand, gab ihn dann aber wieder an die Brüdergemeine ab, weil die christliche Botschaft nicht zum staatlichen Warenangebot passte. Für die einheimische Bevölkerung war der Stern ohnehin schwer zu bekommen, denn der größte Teil der Produktion ging in den Westen, weil die DDR Devisen brauchte.

Bis heute werden die meisten Sterne aus Papier in Handarbeit hergestellt und jedes Jahr werden etwa 800.000 Sterne von Herrnhut aus in alle Welt geschickt.

Der Herrnhuter Stern ist der Ursprung, das Original all jener Sterne, die jetzt in der Adventszeit in Fenstern, in Straßen und Geschäften aufgehängt oder aufgestellt werden: Sterne in allen Farben und Größen, die Moden wechseln hier schnell. Der Stern aus Herrnhut, aus der alten christlichen Brüdergemeine des Nikolaus Graf von Zinzendorf, ist da anders. Zwischen all der aufdringlich glitzernden und blinkenden Weihnachtsdekoration strahlt er zeitlos und schlicht in die Nacht. Und weil in Bethlehem nur ein Stern leuchtete und keine himmlische Lasershow stattfand, hängt in einer Kirche auch nur ein Stern – und nicht gleich zehn davon wie an den Glitzerbuden des Weihnachtsmarktes. Zu viel Licht ist nicht gut! Wo alles hell ist, kann man sich nicht mehr an den Sternen orientieren.

Und was Licht bedeuten kann, begreift man erst dann, wenn man die Finsternis, auch im eigenen Leben, selbst erfahren hat. »Siehe, Finsternis bedeckt das Erdreich und Dunkel die Völker, aber über dir geht auf der Herr, und seine Herrlichkeit erscheint über dir«, heißt es beim Propheten Jesaja (60,2).

Der Herrnhuter Stern erinnert an das Licht, an die Hoffnung, die zu Weihnachten in die Welt gekommen ist.

# Es kommt ein Schiff, geladen

Adventszeit ist die Zeit zum Singen, Zeit für die schönen Lieder am Anfang des Gesangbuches: »Macht hoch die Tür« oder »Wie soll ich dich empfangen« oder »Tochter Zion, freue dich« oder auch:

*»Es kommt ein Schiff, geladen*
*bis an sein' höchsten Bord,*
*trägt Gottes Sohn voll Gnaden,*
*des Vaters ewig's Wort.*
*Das Schiff geht still im Triebe,*
*es trägt ein teure Last;*
*das Segel ist die Liebe,*
*der Heilig Geist der Mast.«*

Geheimnisvoll, wie von weit her, aus einer anderen Welt kommend, so klingt dieses alte Lied zu uns herüber. Eine etwas schwermütige Melodie und einfache, in ihrer poetischen Kraft aber anrührende Worte.

Das Lied handelt von einem Schiff. Für viele Menschen haben Schiffe etwas Faszinierendes. Von Alters her sind sie »ein Sinnbild für die Begegnung zweier Welten, für die Begegnung von Meer und Land, von Himmel und Erde, von Gott und Mensch. Aus unsichtbarer Ferne kommt es, durchfährt das Meer, ohne eine Spur zu hinterlassen, taucht plötzlich am Horizont auf, nähert sich, berührt schließlich das hiesige Ufer und entlädt seine kostbare Fracht.« (Christa Reich)

Das ganze Lied ist voll von geheimnisvollen Bildern: »des Vaters ewig's Wort«, »das Schiff geht still im Triebe«, »der Anker haft' auf Erden«. Das ist keine Alltagssprache. So sprechen wir normalerweise nicht, das wäre uns peinlich. Es ist uns aber nicht peinlich, diese Worte zu singen. Lieder leihen uns Worte für das, was wir uns im nüchternen Alltag nicht zu sagen trauen. Das Geheimnis, wie Gott in die Welt kommt, können wir mit unseren Begriffen nicht erfassen. Wir können aber davon singen:

*»Der Anker haft' auf Erden,*
*da ist das Schiff an Land.*
*Das Wort will Fleisch uns werden,*
*der Sohn ist uns gesandt.*

*Zu Bethlehem geboren*
*im Stall ein Kindelein,*
*gibt sich für uns verloren,*
*gelobet muss es sein.«*

Dass Gott, den wir nicht begreifen können, die schöpferische Kraft unseres Lebens und des ganzen Universums, in einem auf Hilfe angewiesenen Kind in diese Welt kommt, das ist wahrlich ein Geheimnis.

Ein Geheimnis auch, wie dieses Schiff mit seiner teuren Last überhaupt fahren und heil ankommen kann. Es fährt ja nicht aus eigener Kraft, es fährt ohne Motor und Steuermann. »Das Segel ist die Liebe, der Heilig Geist der Mast.« Die Liebe und der Heilige Geist treiben das Schiff an und geben ihm die Richtung. Gott kommt nicht als Eroberer auf die Erde, die Liebe treibt das Schiff an Land.

»Es kommt ein Schiff, geladen« stammt vermutlich von Johannes Tauler, der zu den »Mystikern« gehörte. Mystik bedeutet: die Augen schließen und in der eigenen Seele mit Gott in Verbindung treten. So hat Johannes Tauler auch das Lied gemeint. Es handelt von der Ankunft und dem »Ankern« des Sohnes Gottes im Innern des Menschen.

Wenn man sich den Advents- und Weihnachtsbetrieb unserer Tage anschaut, dann ist die Botschaft des Liedes doch sehr aktuell: Wenn die Weihnachtsbotschaft nicht unsere Seele berührt, wenn der von den Engeln ausgerufene Friede nicht unser Herz erreicht, wenn die alten Bibeltexte uns nicht persönlich zum Nachdenken bringen –, dann bleibt das Ganze doch eher ein Event unserer Konsumgesellschaft. Ein anderer Mystiker – Angelus Silesius – hat es so auf den Punkt gebracht: »Und wäre Christus tausendmal in Bethlehem geboren und nicht in dir: Du bliebest doch in alle Ewigkeit verloren.«

*»Und wer das Kind mit Freuden*
*umfassen, küssen will,*
*muss vorher mit ihm leiden*
*groß Pein und Marter viel,*
*danach mit ihm auch sterben*
*und geistlich auferstehn,*
*das ewig Leben erben,*
*wie an ihm ist geschehn.«*

# Schenken

Die Adventszeit ist zu einer hektischen Zeit geworden. Karten müssen geschrieben, Päckchen zur Post gebracht werden, Weihnachtsfeiern gilt es vorzubereiten, ein Weihnachtsbaum muss besorgt, für die Festtage muss eingekauft – vor allem aber müssen die Geschenke besorgt werden.

Das kann regelrecht in Stress ausarten. Dass bloß keiner vergessen wird! Und was soll man schenken, die meisten Menschen haben ja schon alles, da fällt einem nichts Neues mehr ein.

Wie hat das alles angefangen? Die Sage erzählt von Nikolaus, einem griechischen Bischof aus dem 4. Jahrhundert nach Christus, der unerkannt nächstens durch die Straßen zog und Geld und Lebensmittel an die Armen verteilte. Im frühen Mittelalter entstand dann der Brauch, den Nikolaustag, den 6. Dezember, zu feiern. Ein verkleideter Nikolaus zog an diesem Tag umher und hielt Einzug in die Häuser, um die fleißigen oder faulen Schüler zu belohnen oder zu bestrafen. Mit der Zeit hatten sich um diesen Umzug jedoch allerhand merkwürdige Bräuche gesammelt. Daher wurde diese Praxis in der Reformationszeit heftig kritisiert und die Bescherung der Kinder auf den Weihnachtstag verlegt. Man dachte dabei an die Geschenke, die das neugeborene Jesuskind von den drei Weisen aus dem Morgenland bekommen hatte: Gold, Weihrauch und Myrrhe.

Aus dem Nikolaus wurde damit zugleich das Christkind. So waren es zuerst die Kinder und die Mägde und Knechte, die am Weihnachtstag beschenkt wurden. Denn diese erhielten früher am Weihnachtstag ihren Lohn ausgezahlt. Heute werden zu Weihnachten alle beschenkt: Kinder, Erwachsene, Großeltern, Kunden,

Kollegen: Das Schenken steht bei uns ganz im Mittelpunkt von Weihnachten. Aber: Schenken wir wirklich oder veranstalten wir nicht eigentlich eher eine Art Tauschgeschäft? »Was hat die mir letztes Jahr geschenkt? Dann muss ich dieses Jahr etwas finden, das ungefähr denselben Wert hat.« Das Schenken ist heute mit Verpflichtung verbunden.

Das führt dazu, dass wir uns manchmal über Geschenke nicht mehr richtig freuen können. Wir sagen dann: »Das wäre doch nicht nötig gewesen!« Oder: »Womit habe ich das verdient?« Oder: »Wie kann ich das wiedergutmachen?«

Ein wirkliches Geschenk ist nie nötig, ich habe es auch nicht verdient und schon gar nicht kann oder soll ich es wiedergutmachen. Andernfalls wäre es kein Geschenk, sondern eine Bezahlung oder eben ein Tauschobjekt.

Der Sinn des Schenkens ist doch: aus eigener Freude einem anderen eine Freude machen. Das sieht man am Geburtstagsgeschenk. Der Geburtstag eines Menschen ist für seine Freunde ein Anlass, ihm zu zeigen, dass man sich freut, dass er da ist. Deshalb bekommt er ein Geschenk. So war es ursprünglich auch zu Weihnachten: aus Freude über die Geburt Jesu selber Freude weiterschenken. Das Geschenk selbst war nicht so wichtig wie die Freude, die dahintersteht.

Das gestehen wir heute nur noch den kleinen Kindern zu. Wenn sie ein selbst gemaltes Bild verschenken, dann freuen wir uns und akzeptieren es selbstverständlich als Geschenk. Sollte aber ein Erwachsener auf dieselbe Idee kommen, dann wirkt das befremdlich. Warum eigentlich? Weil Geschenke einen Wert haben müssen? Und weil ich am Preis des Geschenkes ablesen soll, ob ich dem anderen etwas wert bin oder nicht?

Wie man es mit dem Schenken halten soll, hat Joachim Ringelnatz in seinem schönen Gedicht »Schenken« zusammengefasst:

*»Schenke groß oder klein,*
*aber immer gediegen.*
*Wenn die Bedachten*
*die Gaben wiegen,*
*sei dein Gewissen rein.*

*Schenke herzlich und frei.*
*Schenke dabei,*
*was in dir wohnt*
*an Meinung, Geschmack und Humor,*
*so dass die eigene Freude zuvor*
*dich reichlich belohnt.*

*Schenke mit Geist ohne List.*
*Sei eingedenk,*
*dass dein Geschenk*
*du selber bist.«*

# Johannes der Täufer – der andere Advent

Advent – das war einmal eine stille Zeit, eine Zeit der Erwartung und der Einkehr, auch eine Zeit des Fastens. Davon ist heute nicht mehr viel geblieben. Advent – das sind heute die umsatzstärksten Wochen des Jahres. Weihnachtsmärkte, volle Einkaufsstraßen und Weihnachtsvorbereitungen jeder Art prägen heute die Adventszeit. Viele freuen sich schon das ganze Jahr darauf und gehen am liebsten jeden Tag auf den Weihnachtsmarkt. Aber es gibt doch auch nicht wenige Menschen, denen die Kommerzialisierung in der Adventszeit auf den Geist geht. Sie wünschen sich für ihr Leben wieder etwas mehr Tiefe, zünden eine Kerze an und möchten in diesen Tagen zur Ruhe kommen und nachdenken, über sich selbst, über Gott und die Welt.

In der Bibel wird von einer Person erzählt, die für diesen »anderen Advent« steht, den Advent der Nachdenklichkeit und der Umkehr. Diese Person wirkt heute, in der Welt der Weihnachtsmärkte und Lichterketten, wie ein Fossil aus grauer Vorzeit. Im Lukasevangelium wird von ihm erzählt:

Im 15. Jahr der Herrschaft des römischen Kaisers Tiberius, im Jahr 29 unserer Zeitrechnung, als in Jerusalem der römische Gouverneur Pontius Pilatus residierte und Hannas und Kaiphas Hohepriester im Tempel waren, tritt in der Wüste von Judäa ein Mann auf, der ungeheures Aufsehen erregt. Er behauptet, im Auftrage Gottes zu reden. Fasziniert von der Gestalt dieses Mannes, der in ein Kamelfell gehüllt allein in der Wüste lebt und sich von Heuschrecken und wildem Honig ernährt, ziehen die Leute aus Jerusalem und den anderen Städten in die Wüste, um ihn zu hören: Johannes, uns bekannt als Johannes der Täufer. Die Menschen, die zu ihm in die Wüste kommen, empfängt er mit starken Worten: »Ihr Schlangenbrut! Wer hat euch gesagt, dass ihr dem kommenden Gericht Gottes entgehen werdet? Redet nicht nur von Buße und Umkehr. Zeigt, dass ihr euch ändern wollt, zeigt es durch eure Taten! Die Axt ist schon angelegt, um die Bäume an der Wurzel abzuschlagen. Jeder Baum, der keine gute Frucht bringt, wird umgehauen und ins Feuer geworfen.«

Die Zuhörer reagieren erschrocken und betroffen: »Um Gottes Willen! Was sollen wir denn tun?«

»Was sollen wir denn tun ?« Diese Frage wird zurzeit in zahllosen Interviews, Expertenrunden und politischen Talk-Shows gestellt. Die Welt ist unsicherer geworden. Die Krisen lösen einander ab: Finanzkrise, Eurokrise, Flüchtlingskrise, Corona-Krise, Ukraine-Krieg – und über allem schwebt die Klima-Krise, die bisherige Selbstverständlichkeiten infrage stellt. Und alle paar Wochen werden in den Medien immer neue Reiz- und Skandalthemen breitgetreten: Inflation, das Chaos bei der Bahn, der Pflegenotstand, die Wohnungsnot in Großstädten, die Energieversorgung und die Heizkosten, schreckliche Fälle von Kindesmissbrauch, Aufmärsche von Rechtsextremen und Corona-Leugnern und Ukraine und Israel und die Palästinenser und Iran und so weiter … Man kommt gar nicht mehr mit. Wie die Zuhörer des Johannes möchte man fragen: »Was sollen wir denn tun?«

Ja, was sollen wir denn tun? Für die neuen Populisten, für die Kommentatoren in den »Sozialen Medien« und leider auch für viele Menschen auf der Straße ist die Sache ganz einfach: Flüchtlinge raus, mehr Polizei auf den Straßen, die da oben haben keine Ahnung, früher war alles besser. Die einfachen Antworten sind meistens falsch und fast immer unchristlich.

»Was sollen wir denn tun?« Johannes der Täufer antwortet so: »Wer zwei Hemden hat, der gebe dem, der keines hat. Wer zu essen hat, der gebe dem, der hungert. Wer teilt, was er hat, der wird leben.«

Das ist tatsächlich sehr einfach und zugleich sehr schwer. Die Hälfte des Besitzes abgeben – wer kann das? Die Miete muss gezahlt und das Auto unterhalten werden, die Kinder brauchen neue Jacken und Schuhe, auf den Urlaub wollen wir nicht verzichten und im Dunkeln sitzen und frieren wollen wir auch nicht. Unseren Besitz teilen, werden wir nicht schaffen. Die Antwort des Täufers zeigt uns aber die Richtung: Wir haben unser Leben mit zu viel Annehmlichkeiten und Absicherungen eingerichtet. Davon kommen wir so schnell nicht wieder herunter, aber wir spüren: Wenn wir nur festhalten, was wir haben, werden wir das Leben nicht finden. Die wichtigen Fragen sind damit noch nicht beantwortet.

Der Weg zu einem sinnvolleren Leben führt meist über den anderen Menschen. An dessen Not nicht vorbeigehen, sich Zeit nehmen, zuhören und wenn's geht, auch tatkräftig Hilfe leisten – das hilft nicht nur dem anderen, sondern auch einem selbst. Die Hälfte des Besitzes abgeben werden wir nicht schaffen. Aber wir können anfangen, wieder einfacher, auch sparsamer und bescheidener zu leben. Auch dankbarer gegenüber dem Schöpfer. Weniger ist mehr, das ist eine alte Weisheit.

»Bereitet dem Herrn den Weg!«, heißt es im Advent. Advent ist auch die Chance, Ballast abzuwerfen und sich um das Wesentliche zu kümmern. Advent ist auch die Zeit der Einkehr und der Umkehr. Eine Chance, dem Leben wieder mehr Tiefe zu geben. Wir erwarten zu wenig von uns, wenn wir am liebsten alles beim Alten lassen. Gott denkt größer von uns. Er hält uns nicht für hoffnungslose Fälle, die die Hände nicht mehr aufkriegen und nichts abgeben können. Wir können uns ändern, es wird uns zugetraut!

# 10. Dezember – Tag der Menschenrechte

»Alle Menschen sind frei und gleich an Würde und Rechten geboren. Sie sind mit Vernunft und Gewissen begabt und sollen einander im Geist der Brüderlichkeit begegnen.« So heißt es im ersten Artikel der Allgemeinen Erklärung der Menschenrechte, die am 10. Dezember 1948 von der Vollversammlung der Vereinten Nationen in Paris verabschiedet wurde. Der 10. Dezember – ein wichtiger Tag im Jahreskalender! Die Erklärung hat die Welt verändert. Gleichheit vor dem Gesetz, Religions- und Gewissensfreiheit, Meinungs- und Pressefreiheit, Recht auf Freizügigkeit und persönliches Eigentum, Recht auf gleichen Lohn für gleiche Arbeit, Recht auf gewerkschaftlichen Zusammenschluss, Recht auf Bildung und Gleichberechtigung von Frauen und Männern – in 30 Artikeln zum ersten Mal feierlich und für alle Länder verbindlich festgehalten und verkündet.

Die Erklärung der Menschenrechte war eine Antwort auf die 60 Millionen Toten des Zweiten Weltkriegs. Eine Antwort auf Holocaust und Kriegsverbrechen. Eine Antwort auf die barbarische Verachtung der Menschenrechte durch die Nazis.

Es war ein Wunder, dass diese Erklärung überhaupt zustande kam. Nicht alle waren einer Meinung. Die westlichen Länder waren mehr an den Freiheitsrechten, die östlichen Länder mehr an den sozialen Rechten interessiert. Die arabischen Länder hatten Vorbehalte gegenüber der Religionsfreiheit. Dass es gelang, ein gemeinsames Dokument zu erstellen, das schließlich mit 48 Stimmen ohne Gegenstimmen bei acht Enthaltungen angenommen wurde, war vor allem das Werk einer Frau. Eleanor Roosevelt, die Witwe des amerikanischen Präsidenten Franklin D. Roosevelt, war zur Vorsitzenden der Menschenrechtskommission gewählt worden. Mit großem diplomatischen Geschick gelang es ihr, die widerstreitenden Interessen zu berücksichtigen und das Projekt an unendlich vielen Klippen vorbei zu einem erfolgreichen Ende zu führen.

In vielen Teilen der Erde war die Durchsetzung der Menschenrechte nach dem Zweiten Weltkrieg noch Utopie. Doch sie gewannen immer mehr an Bedeutung. Auf die Menschenrechte konnten sich auch die berufen, denen sie ganz oder teilweise vorenthalten wurden: die schwarzen Opfer der Apartheid in Südafrika, die Dissidenten in der DDR und in der Sowjetunion, die Bürgerrechtler um Martin Luther King in den USA und die vielen politischen Gefangenen in den Diktaturen überall in der Welt.

Die Kirchen haben sich mit den Menschenrechten lange Zeit schwergetan. Sie haben sich über viele Jahrhunderte leider mehr mit der Sünde des Menschen beschäftigt als mit seiner Würde. Menschenrechte – das roch zu sehr nach Aufruhr und Revolution. Erst die Erfahrungen mit dem Nationalsozialismus führten in der Evangelischen Kirche zu einem Umdenken. Dabei kann man schon auf den ersten Seiten der Bibel lesen, dass Gott den Menschen nach seinem Ebenbild geschaffen und ihm damit eine Würde verliehen hat, die ihm nichts und niemand nehmen kann. Und von Paulus hätte man erfahren können, dass alle vor Gott gleich sind: Juden, Griechen, Frauen, Männer, Sklaven, Freie. Gott und Gerechtigkeit gehören in der Bibel untrennbar zusammen. »Der Herr schafft Gerechtigkeit und Recht allen, die Unrecht leiden«, heißt es im 103. Psalm und ähnlich an vielen anderen Stellen der Bibel.

Es waren nicht zuletzt Christen, die in der Geschichte der Menschenrechte eine wichtige Rolle gespielt haben. Die Pilgerväter sind um der Freiheit des Glaubens und des Gewissens willen nach Amerika ausgewandert. Die Quäker kritisierten schon früh die Sklaverei. Friedrich Spee bekämpfte die Hexenverfolgung. Der britische Anwalt Peter Benenson gründete Amnesty International. Martin Luther King stand an der Spitze der amerikanischen Bürgerrechtsbewegung.

Die Verteidigung der Menschenrechte überall auf der Welt müsste eigentlich das ureigenste Anliegen von Christen sein. Die Menschenrechte sind universal, sie gelten überall. Wenn in China die Christen verfolgt werden, in Russland die Regimegegner in Lagern verschwinden, in Afghanistan den Frauen der Zugang zur Universität verweigert wird, in der Türkei kritische Journalisten eingesperrt werden, dann darf uns das als Christen nicht egal sein. Wir können auf das Schicksal dieser Menschen aufmerksam machen, wir können »Amnesty«, »Ärzte ohne Grenzen« und andere Organisationen unterstützen, wir können diese Menschen in unsere Fürbitte aufnehmen.

Menschenrechte sind universell, sie gelten auch bei uns. Wenn gegen Flüchtlinge gehetzt wird, Frauen der gleiche Lohn vorenthalten wird, antisemitische Parolen an Häuser geschmiert, Wohnungen nicht an schwarze Menschen vermietet oder alte Menschen diskriminiert werden, dann geht es jeweils um Menschenrechte. Das ist vielleicht nicht allen bewusst, aber bei einem Verstoß gegen diese Rechte handelt es sich nicht um Kavaliersdelikte. »Niemand darf wegen seines Geschlechts, seiner Abstammung, seiner Rasse, seiner Sprache, seiner Heimat und Herkunft, seines Glaubens, seiner religiösen oder politischen Anschauungen benachteiligt oder bevorzugt werden. Niemand darf wegen seiner Behinderung benachteiligt werden«, heißt es auch in Artikel 3 unseres Grundgesetzes. Und auch nicht beschimpft, abqualifiziert oder lächerlich gemacht werden. Denn »die Würde des Menschen ist unantastbar« und unverlierbar. Von Gott selbst jedem Menschen mitgegeben. Wir dürfen nicht damit aufhören, daran zu erinnern. Nicht nur am 10. Dezember, aber am 10. Dezember besonders.

Konrad von Soest »Christi Geburt«, auf Holz 74 x 61 cm, Wildunger Passionsaltar in geöffnetem Zustand, linker Flügel oben rechts (1403), Stadtpfarrkirche Bad Wildungen (Hessen)

# Konrad von Soest »Christi Geburt«

Maria und das Jesuskind, Ochs und Esel, Hirten und Schafe, Engel, Futterkrippe und Stall – alle sind sie in dieser Darstellung von »Christi Geburt« des Conrad von Soest (Wildunger Altar von 1403) versammelt. Auf den meisten Weihnachtsbildern steht Joseph irgendwo im Hintergrund herum. Er wirkt oft überflüssig und hält vielleicht noch die Stalllaterne. Conrad von Soest hat einen anderen Joseph gemalt. Während Maria mit dem Kind im Bett »schmust«, hat Joseph schon Feuer gemacht und Brei für das kleine Kind gekocht. Am Boden knieend versucht er, mit aufgeblasenen Backen das Feuer zu schüren.

Joseph – ein stummer Zuschauer in der Weihnachtsgeschichte? Nein! Ein aktiver, sorgender Vater in einer von Anfang an bedrohten jungen Familie.

# Joseph

In weihnachtlichen Krippen steht Joseph, der Vater Jesu, meist im Hintergrund. Meist ist er alt, mit Glatze und müde vom Leben, verwirrt von all dem, was da vor seinen Augen geschehen ist. Die Kunst hat Joseph in all den Jahrhunderten meistens als gutmütigen Trottel dargestellt, unscheinbar und alt neben der jungen und strahlenden Maria. Es sollte kein Zweifel aufkommen: Zwischen denen ist nichts gelaufen, das Kind in der Krippe kann nicht von Joseph sein.

War Joseph so ein gutmütiger Tropf, nur Zaungast und stummer Zuschauer in der Weihnachtsgeschichte? Die Evangelien zeichnen ein anderes Bild. Nach dem Matthäusevangelium war Joseph mit Maria verlobt, als diese – nicht von ihm – schwanger wurde. Seine Reaktion wird als ehrenwert beschrieben. Er will seine Verlobte nicht durch ein Ehebruchsverfahren der Schande preisgeben, gedenkt aber, sie heimlich zu verlassen. Nachdem ihm ein Engel die wahren Umstände von Marias Schwangerschaft mitgeteilt hat, beschließt er, sie zu heiraten. Ausdrücklich betont Matthäus, dass Joseph mit Maria bis zur Geburt Jesu keinen Geschlechtsverkehr hatte. Als das Kind geboren war, gab Joseph ihm, wie ihm der Engel gesagt hatte, den Namen Jesus. Zugleich nahm er damit dieses Kind als sein eigenes an. Matthäus charakterisiert Joseph deswegen als einen »Gerechten«.

Im Matthäusevangelium bleibt Joseph der aktive Teil der jungen Familie. Ihm erscheint der Engel im Traum und befiehlt ihm, mit Frau und Kind vor den Nachstellungen des Herodes nach Ägypten zu fliehen.

Nach dem Lukasevangelium stammte Joseph aus Bethlehem, der Stadt Davids, wohnte jedoch in Nazareth, wo er als Bauhandwerker arbeitete. Zur Steuerschätzung, so erzählt es Lukas, musste er mit seiner schwangeren Verlobten nach Bethlehem reisen. Das ist der Hintergrund für die Weihnachtsgeschichte des Lukasevangeliums, in der manches ungesagt bleibt: Wer organisierte die Wanderung quer durch das Land? Wer beschaffte das Quartier, in dem Maria ihr Kind zur Welt brachte? Wer besorgte die Windeln für das kleine Kind? Joseph – ein stummer Zuschauer in der Weihnachtsgeschichte? Das ist schwer vorstellbar.

Nach dem Markusevangelium hatte Joseph mit Maria weitere Kinder: fünf namentlich bekannte Söhne und eine unbekannte Zahl von Töchtern. Diese große Familie musste versorgt werden. Als Bauhandwerker könnte Joseph Arbeit in der benachbarten Stadt Sepphoris gefunden haben, die der galiläische Landesfürst Herodes Antipas in jener Zeit glanzvoll ausbauen ließ. Kein Zimmermannsidyll in heimischer Werkstatt, sondern harte Lohnarbeit auf städtischen Baustellen.

Von Joseph berichten die Evangelien nur in den Kindheitsgeschichten Jesu. Später ist von ihm nicht mehr die Rede. Jesus wird dann nur noch »Sohn der Maria« genannt. Die wahrscheinlichste Erklärung dafür ist: Als Jesus öffentlich zu wirken begann, war Joseph vermutlich schon gestorben.

In allen Geschichten, die in der Bibel von ihm erzählt werden, redet Joseph kein Wort. Reden scheint nicht seine Sache gewesen zu sein. Joseph machte nicht viele Worte, er packte an – so, wie ich es häufig bei Männern in der Kirche erlebt habe. Das Formulieren von Fürbitten für den Gottesdienst ist nicht unbedingt ihre Sache, aber beim Gemeindefest bauen sie selbstverständlich die Bude auf, halten im Kirchenvorstand die Finanzen zusammen oder besorgen einen neuen Kicker für die Jugendarbeit.

Es wird Zeit, Joseph aus dem Schatten nach vorne ins Licht zu holen. Ohne den tatkräftigen und entschlossenen Joseph hätte die Weihnachtsgeschichte ein schlimmes Ende nehmen können, ohne ihn hätte die junge Familie vielleicht nicht überlebt.

# Der Esel

Auf der ersten Darstellung einer Weihnachtskrippe sind Esel und Ochse, die bis heute zur Grundausstattung jeder Krippe gehören, mit dem kleinen Kind allein. Auf einem Elfenbeintäfelchen aus dem fünften Jahrhundert, noch heute im französischen Nevers zu bestaunen, steht der Esel über der Krippe und schaut gemeinsam mit seinem Stallgenossen, dem Ochsen, auf das im Futtertrog liegende Kind. Von Maria, Joseph und dem anderen Krippenpersonal ist noch nichts zu sehen. Sie kommen erst später ins Bild. Aber sie verdrängen den Esel und den Ochsen nicht. Mit ihnen bleibt der Geruch von Armut, Arbeit und kleinen Leuten im Stall von Bethlehem erhalten – dieser Geruch, der zu Weihnachten gehört und den kein festliches Weihnachtsmenü vertreiben kann.

Vom Esel und auch vom Ochsen berichten weder Lukas noch Matthäus in ihren Weihnachtsgeschichten. Wo kommen sie her? Die beiden Tiere werden in den apokryphen Schriften des Pseudo-Matthäus aus dem Alten Testament übernommen und in die Geburtsszene integriert. Hier kommt Jesus in einer Höhle zur Welt und wird erst drei Tage später von Maria in einen Stall gebracht. Sie »legte ihren Knaben in eine Krippe und Ochs und Esel beteten ihn an. Da erfüllte sich, was durch den Propheten Jesaja verkündet ist, der sagt: ›Der Ochse kennt seinen Herrn und ein Esel die Krippe seines Herrn; aber Israel kennt's nicht, und mein Volk versteht's nicht‹.« (Jesaja 1,3)

Gerade der Esel, der doch als störrisch und dumm gilt, bekommt hier in der Weihnachtsgeschichte einen Logenplatz. Er hat etwas verstanden, was den meisten Menschen verborgen geblieben ist. Ist der Esel spirituell besonders begabt?

Das deutet die Bileamgeschichte aus dem Alten Testament an. Der Seher Bileam ist von Balak, dem König der Moabiter, beauftragt worden, das heranziehende Volk der Israeliten aufzuhalten und zu verfluchen. Nach anfänglichem Zögern macht sich Bileam mit seinem Esel und seiner Zauberausrüstung auf den Weg. Doch unterwegs tritt ihm in einem Hohlweg plötzlich der »Engel des Herrn« entgegen, mit gezücktem Schwert. Bileam jedoch sieht nichts, nur sein Esel sieht den Engel, ganz genau, und ist durch keine Schläge Bileams zu bewegen, auch nur einen Schritt weiterzugehen. Zweimal weicht das kluge Tier dem Engel aus, zweimal schlägt Bileam auf seinen Esel ein. Beim dritten Mal öffnet der Herr – o Wunder! – dem Esel den Mund und der beschwert sich bei Bileam: »Was habe ich getan, dass du mich nun dreimal geschlagen hast? … Bin ich nicht dein Esel, auf dem du seit eh und je bis heute geritten bist? War es je meine Gewohnheit, mich gegen dich zu benehmen?« Jetzt endlich sieht auch der Seher den Engel, bereut seine bösen Absichten und der Fluch wendet sich zum Segen für das Volk Israel.

Wäre der Esel dumm und störrisch, wäre die Geschichte mit dem Einzug Jesu in Jerusalem vielleicht auch anders abgelaufen. Die Eselin hätte mit ihrem jungen Füllen ja auch ausschlagen können, als eines Tages zwei Männer in das Dorf bei Jerusalem kamen, sie einfach losbanden und zu ihrem Herrn und Meister brachten. Doch sie ließ sich bereitwillig in den Dienst nehmen für den Einzug des verheißenen Friedensfürsten in Jerusalem. Schon der Prophet Sacharja hatte gesagt: Wenn der wahre König Israels kommen wird, ein Gerechter und ein Helfer, dann wird er auf einem Esel Einzug halten. Ohne Gewalt, ohne Marschmusik, ohne Glockengeläut. Der Esel ist kein Tier, um Macht zu demonstrieren. Eroberer ritten auf Pferden (heute kommen sie mit Panzern), der Friedensfürst kommt auf einem Esel. Eine Demonstration der Demut, die den Reiter und das Reittier miteinander verbindet. Der Esel ist in der Bibel das Last-

und Reittier schlechthin. Die Brüder Josefs kommen mit ihren Eseln nach Ägypten, um Getreide zu kaufen. Mose setzt seine Frau und seinen Sohn auf einen Esel und kehrt mit ihnen nach Ägypten und zum Pharao zurück. Saul sucht die entlaufenden Eselinnen seines Vaters, kommt zum Propheten Samuel und wird von ihm zum ersten König in Israel gesalbt. Auf einem Esel reitet die kluge Abigail David entgegen, um ihn vor Mord und Totschlag zu bewahren. Esel waren für das Leben damals unentbehrlich. Darum kommen sie so oft in der Bibel vor und werden sogar im Sabbatgebot erwähnt: Am siebten Tag der Woche sollen sich auch Esel ausruhen dürfen.

An der Weihnachtskrippe steht der Esel neben seinem Freund, dem Ochsen, und neben Maria, Josef, dem Kind in der Krippe, den Hirten, den Schafen, den drei Königen und wer da sonst noch gewesen sein mag. Es war ganz schön voll in dem Stall, so wie die Kirchen an Heiligabend meist auch ziemlich voll sind. Da kommen Menschen in die Kirche, die man vorher noch nie dort gesehen hat: Hinz und Kunz und Ochs und Esel. Da mag der Esel fragen, was der Ochs hier will: »Den sieht man ja sonst nie in der Kirche, der kommt ja nur zu Weihnachten.«

Doch zu Weihnachten kommen eben alle. Und das ist gut so. Zur Krippe sind alle eingeladen – Bekannte und Unbekannte. Gott schließt keinen von seiner Liebe aus, ob man nun religiös unmusikalisch ist oder spirituell hochbegabt wie der Esel.

# Weihnachten – das Fest der Kinder

Weihnachten ist das Fest der Kinder, sagt man zu Recht. Wo Kinder in den Familien sind, da stehen sie zu Weihnachten im Mittelpunkt: Sie bekommen die meisten Geschenke, sie werden am meisten fotografiert, auf ihre Reaktionen sind wir besonders gespannt. Und wer erinnerte sich zu Weihnachten nicht der eigenen Kindheit, an das Glücksgefühl beim Anblick des erleuchteten Weihnachtszimmers, an die unbeschwerte Freude beim Auspacken der Geschenke? Diese Eindrücke sind wohl unvergesslich und ein wenig sehen wir auch als Erwachsene jedes Weihnachtsfest noch mit den Kinderaugen von damals.

In der Weihnachtsgeschichte des Lukasevangeliums steht auch ein Kind im Mittelpunkt: das Kind in der Krippe. Von diesem Kind sagt der Engel: »Euch ist heute der Heiland geboren.« Der Heiland – ein hilfloser Säugling in einem Futtertrog, Gott, den wir nicht beschreiben, nicht definieren können – so verwundbar und schutzlos wie ein Kind.

Das stellt alle Erwartungen auf den Kopf! Gott thront nicht in unberührter Majestät hoch über uns. Kein Mensch mehr, dem er fern wäre; keine Mühsal, die ihm fremd wäre. Gott wird erkennbar in einem kleinen Kind.

Doch das Kind in der Krippe ist nicht klein geblieben. Dreißig Jahre nach den Ereignissen in Bethlehem geht Jesus zu den Menschen und verändert sie. Schuldige spricht er frei, Gewaltlosen verspricht er die Erde, Ausgeschlossenen gib er eine Hoffnung, Blinde macht er sehend und Kindern verheißt er das Reich Gottes.

Er verändert Menschen bis auf den heutigen Tag. Seitdem gibt es eine Hoffnung für jedes menschliche Leben, auch wenn es wie vor 2.000 Jahren in erbärmlichen Umständen zur Welt kommt.

Eine Hoffnung auch für die vielen Kinder in Deutschland, die von Armut betroffen sind? Die jüngste Statistik nennt die erschreckend hohe Zahl von 2,8 Millionen Kindern, die in Deutschland in Armut leben. In einem durchschnittlichen Kindergarten sind das – je nach Region – bis zu 15 Kinder, die weniger Freunde haben als andere, die öfter krank sind als andere.

Deutschland ist ein reiches Land – und Deutschland ist ein armes Land. Die Schere geht auch bei den Kindern weiter auseinander. Unter uns leben Kinder mit einer materiellen Ausstattung, die wir vor einigen Jahrzehnten noch nicht für möglich gehalten hätten. Und unter uns leben Kinder, die noch nie im Urlaub gewesen sind und kein Geld für das Mittagessen in der Schule haben. Ein Kind aus der Mittelschicht kommt bis zur Einschulung auf etwa 1.700 Stunden gemeinsame Vorlesezeit mit den Eltern. Kinder aus sozial schwachen Milieus nur auf 24. Früh im Leben erfahrene Armut beeinflusst das Selbstwertgefühl meist ein Leben lang. Nur im Ausnahmefall entwickeln sich solche Kinder später zu Persönlichkeiten ohne die geringsten Minderwertigkeitskomplexe.

»In jedem Kind kann der Messias geboren werden«, sagt ein jüdisches Sprichwort. Jedes Kind bringt einen neuen Lebensanfang in die Welt. Mit jedem Kind beginnt Gott eine neue Geschichte, mit jedem Kind in Deutschland und auch mit jedem Straßenkind in Indien. Jedes einzelne Kind hat Anspruch auf Aufmerksamkeit und Förderung, aber benachteiligte Kinder mehr als andere. Wenn wir uns an dem Kind in der Krippe freuen, dann können wir diese Kinder nicht vergessen. Keines ist dazu geboren, in seinem Leben nur Unglück kennen zu lernen. Wir wollen kein Kind verloren geben.

# Weihnachten – ein Märchen?

Jedes Jahr zeigt das Fernsehen zu Weihnachten verlässlich das Märchen »Drei Haselnüsse für Aschenbrödel«. Auf einem anderen Kanal kommt wahrscheinlich der Film »Der kleine Lord« mit Alec Guinness als herzlosem Großvater, dem der kleine Enkel dann doch das Herz erweicht. Und vermutlich kann man sich auch irgendwo noch einmal an »Kevin – allein zu Haus« erfreuen.

Weihnachtszeit ist Märchenzeit, nicht nur im Fernsehen! Den Kindern wird vom Weihnachtsmann erzählt, Weihnachtsmärkte verbreiten eine märchenhafte Stimmung, und wenn Heiligabend auch noch Schnee fällt, dann ist das Weihnachtsmärchen perfekt. Vielleicht würde man sogar am liebsten Heiligabend mit einem Schlitten in eine erleuchtete Kirche fahren.

Weihnachten steht für die Sehnsucht nach einer heilen Welt. Wenigstens in diesen Tagen soll Frieden sein, wenigstens in diesen Tagen soll es keinen Streit in der Familie geben, wenigstens in diesen Tagen möchte man sich das Leben schön machen.

Ist Weihnachten ein Märchen?

»Es begab sich aber zu der Zeit, dass ein Gebot von dem Kaiser Augustus ausging …« Mit diesen vertrauten Worten beginnt die Weihnachtsgeschichte des Lukasevangeliums. Diese Geschichte ist kein historischer Bericht. Das zeigen schon einige historische Ungereimtheiten: Eine Volkszählung im gesamten römischen Reich hat es unter Kaiser Augustus nicht gegeben. Quirinius trat sein Amt als Statthalter erst im Jahr 6 nach Christus an. Und dass man zur

Volkszählung in seinen Geburtsort reisen musste, ist historisch nicht belegt.

Diese Irrtümer darf man dem Lukas jedoch nicht zu sehr ankreiden. Er lebte knapp 100 Jahre später, kannte sich in den historischen Details nicht mehr genau aus, vor allem aber wollte er gar kein Geschichtsdokument vorlegen. Er hat die Geschichte von der Geburt des Jesus von Nazareth so beschrieben, wie er auch das Leben des Jesus von Nazareth verstanden hat: nicht als eine stimmungsvolle Weihnachtsgeschichte, sondern als den Beginn des Reiches Gottes auf Erden.

Nüchtern müssen wir feststellen: Wann, wo und wie Jesus geboren wurde, wissen wir heute nicht mehr. Das liegt vor allem daran, dass sich die Christen in den ersten Jahrhunderten für den Zeitpunkt und die Umstände der Geburt Jesu nicht sonderlich interessierten. Kreuzestod und Auferstehung Jesu waren viel wichtiger. Von den Evangelisten erzählen nur Matthäus und Lukas von Jesu Geburt und Herkunft – beide in legendarischer Form, aber nicht als Märchen.

Ein Märchen beginnt mit den Worten »Es war einmal …«. Die Weihnachtsgeschichte beginnt mit dem Kaiser Augustus und einer Volkszählung zum Zwecke einer massiven Besteuerung. Die Bevölkerung wurde zusammengetrieben und erfasst. Rom brauchte Geld, das luxuriöse Leben der Oberschicht musste finanziert, die Legionäre mussten bezahlt werden. Die Provinzen wurden ausgepresst.

Gegen diese Politik erhoben sich damals die jüdischen Zeloten, die die römische Besatzungsmacht bekämpften und dem ersten Gebot mit Waffengewalt Geltung verschaffen wollten.

Die Weihnachtsgeschichte des Lukas kritisiert beides: Der Herrscher, dessen Geburt geschildert wird, kommt nicht in einem Palast zur Welt, sondern liegt in einem Futtertrog in der Provinzstadt

Bethlehem. Er strebt nicht mit Waffengewalt zur Macht, sondern seine Macht ist die Gewaltlosigkeit.

Hirten, Tagelöhner, Menschen am Rande der Gesellschaft sind die Ersten, die von der Geburt des Messias erfahren – nicht die Würdenträger, nicht die Schriftgelehrten.

»Und der Engel sprach zu ihnen: Fürchtet euch nicht! … Euch ist heute der Heiland geboren, welcher ist Christus, der Herr …« »Heiland« (griech.: sotär) – das war der Titel, unter dem sich der römische Kaiser gern als Wohltäter und Friedensbringer feiern ließ. »Herr« (griech.: kyrios) – war die Bezeichnung des römischen Kaisers im offiziellen Kaiserkult. Als die Christen verfolgt wurden, konnten sie sich retten, wenn sie sich zu dem Kaiser als »Herrn« bekannten und vor seinem Bild opferten.

Weihnachten – ein Märchen? Keineswegs! Weihnachten erzählt eine politische Geschichte. Ausgerufen wird eine neue Weltregierung. Dem Kaiserkult wird der Christusglaube entgegengestellt.

»Ehre sei Gott in der Höhe und Frieden auf Erden bei den Menschen seines Wohlgefallens!« Die Engel stellen klar: Ehre gebührt nur einem – keinem Kaiser, keinem sterblichen Menschen, sondern nur »Gott in der Höhe«. Und der Frieden, den die Engel auf den Feldern Bethlehems verkünden, hat nichts mit militärischer Gewalt zu tun. Er wird nicht durch Unterwerfung verwirklicht, sondern ist zu Hause »bei den Menschen seines Wohlgefallens«.

Die Weihnachtsgeschichte ist nicht harmlos. Entgegen allen Vorurteilen wird nicht die fromme Legende von der märchenhaften Geburt des göttlichen Kindes damals im Kerzenschein des Stalles von Bethlehem erzählt. Jeder Satz in dieser Geschichte ist brisant: Nicht der allmächtige Kaiser in Rom, sondern ein hilfloses kleines Kind. Kein königlicher Palast, sondern eine schlichte Notunterkunft. Nicht die Würdenträger des Landes, sondern einfache

Hirten. Nicht die militärische Macht, sondern Frieden ohne Gewalt. Nicht Ruhm und Vergötzung auf Erden, sondern Ehre allein Gott in der Höhe. Die Welt wird auf den Kopf gestellt: Gott kommt auf die Erde und nimmt Partei für den armen Menschen.

Weihnachten – ein Märchen? Gott sei Dank: Nein!

Rembrandt Harmensz van Rijn »Simeon mit dem Jesusknaben auf dem Arm«,
Öl auf Leinwand (unvollendet), 98 x 79 cm, um 1661, Nationalmuseum Stockholm

# Rembrandt »Simeon mit dem Jesusknaben auf dem Arm«

Als Rembrandt 1669 starb, stand dieses letzte Bild, das er begonnen hatte, auf seiner Staffelei. Er hatte es nicht zu Ende malen können. »Herr, nun lässest du deinen Diener in Frieden fahren, wie du gesagt hast; denn meine Augen haben deinen Heiland gesehen.« (Lukas 2,19-20)

Der alte Simeon hat die Augen geschlossen. Er trägt das Kind ein wenig steif auf den ausgestreckten Armen, als ob er sagen will: Das Kind gehört nicht mir, es gehört allen Menschen. Der Blick geht nach innen. Er nimmt die Zukunft des Kindes vor dem inneren Auge wahr. Es ist ein Bild großer Stille. Nichts geschieht, als dass ein alter Mann einen stillen Dank ausspricht – bereit, nun in Frieden aus dieser Welt zu gehen.

Es ist kein Zweifel, dass Rembrandt in dem Simeon dieses Bildes sich selber sieht. Die Jahre des Wohlstands und der Erfolge liegen hinter ihm. Seine letzten Jahre verbringt er einsam und verarmt. Als er stirbt, kann niemand sein Begräbnis bezahlen.

# Silvester

Die einen gießen am Silvesterabend Blei, andere setzen sich zu Hause in den Sessel und hören Beethoven. Fast alle bleiben bis 24:00 Uhr auf, viele möchten an diesem Abend nicht allein sein. Sie feiern mit Freunden oder gehen zu einer Silvesterparty. Um Mitternacht wird es dann laut auf den Straßen, dann wird geböllert.

Die Zeit vergeht am letzten Tag des Jahres nicht schneller oder langsamer als an den vorausgegangenen 364 Tagen, aber weil der Anfang eines neuen Jahres vor der Tür steht, scheinen wir besonders zu spüren, wie schnell sie vergeht. Was sind die vielen Silvesterbräuche und -rituale anderes als der Versuch, mit der dahineilenden Zeit fertigzuwerden. »Es fähret schnell dahin, als flögen wir davon«, heißt es von unseren Lebensjahren im 90. Psalm. Das spüren wir an Silvester besonders. Wirklich, schon wieder ein Jahr?

365 Tage hatte das alte Jahr. Von vielen wissen wir gar nichts mehr. Und auch das kommende Jahr hat 365 Tage, von denen wir noch nichts wissen. Wird es ein gutes Jahr oder werden wir froh sein, wenn es vorüber ist? Werden wir alle 365 Tage des neuen Jahres schadlos überstehen? Wir wissen es nicht.

Es ist wohl auch dieses Gefühl, das viele dazu bewegt, Silvester in die Kirche zu gehen: Wo finden wir Halt in dieser vergehenden Zeit? Darauf gibt der 121. Psalm eine Antwort:

*»Ich hebe meine Augen auf zu den Bergen.*
*Woher kommt mir Hilfe?*
*Meine Hilfe kommt vom Herrn,*
*der Himmel und Erde gemacht hat.*

*Er wird deinen Fuß nicht gleiten lassen,*
*und der dich behütet, schläft nicht.*
*Siehe, der Hüter Israels*
*schläft noch schlummert nicht.*
*Der Herr behütet dich,*
*der Herr ist dein Schatten über deiner rechten Hand,*
*dass dich des Tages die Sonne nicht steche*
*noch der Mond des Nachts.*
*Der Herr behüte dich vor allem Übel,*
*er behüte deine Seele.*
*Der Herr behüte deinen Ausgang und Eingang*
*von nun an bis in Ewigkeit.«*

»Ich hebe meine Augen auf zu den Bergen«, sagt der Beter des 121. Psalms. Vor ihm liegt eine ungewisse Wegstrecke. Von weither ist er zum Tempel nach Jerusalem gepilgert und hat dort die festlichen Gottesdienste miterlebt. Ein schwieriger und gefährlicher Rückweg liegt vor ihm. An der Schwelle des Tempels hebt er seine Augen und sieht ringsum die kahlen und felsigen Berge des Gebirges von Judäa. In den Bergen aber lauern Gefahren. Ein falscher Tritt kann zum tödlichen Sturz führen. Eine unkontrollierte Bewegung kann eine Giftschlange zum tödlichen Biss reizen. In den Bergen – da sind auch die Räuber. Wird er heil durchkommen?

»Ich hebe meine Augen auf zu den Bergen.« Silvester geht der Blick nach vorn zu dem, was im kommenden Jahr vor uns liegt: die Operation, die einem bevorsteht; die Schulden, die einen drücken; der Streit mit den Geschwistern; die Sorge um die pflegebedürftigen Eltern. Vermutlich kann jeder hier etwas erzählen. Das sind die Berge, die vor uns stehen. »Woher kommt mir Hilfe?«

Ganz allein werden wir es nicht schaffen. Wir brauchen die Hilfe der Familie, von Freunden und Kollegen. Doch ihre Hilfe ist wie alle menschliche Hilfe begrenzt. Wer richtet uns auf im neuen Jahr, wenn wir am liebsten aufgeben möchten? »Meine Hilfe kommt von dem Herrn, der Himmel und Erde gemacht hat.« Dieses Wort klingt wie eine gelernte Antwort, wie eine Formel, die zusammenfasst, was Menschen in vielen Generationen glaubten. Dahinter stehen die Erfahrungen des Volkes Israel: Es ist ein Gott da, dem wir alles zu verdanken haben, der uns in dieses Land geführt hat, der auch jetzt noch da ist, begleitend, schützend, bewahrend.

Doch jeder weiß, es gibt auch Gegenerfahrungen: Vergeblich nach Hilfe gerufen, kein Trost, keine Bewahrung, im entscheidenden Moment ganz allein und ohne Schutz, von Gott nichts zu spüren. Diese Zweifel sind auch da. Jeder kennt sie, aber sie streichen die Wahrheit des 121. Psalms nicht durch. Wir gleiten aus, kommen zu Fall, doch Gott setzt dem Fallen Grenzen, er fängt das Straucheln auf.

Ganz behutsam redet der Psalm von Gott. Er greift nicht gewaltsam in die Welt ein, sondern er ist wie der wohltuende Schatten, der die glühende Hitze der Sonne erträglich macht und vor dem trügerischen Licht des Mondes bewahrt. Gott tritt dazwischen, er bewahrt und fängt auf, er ist der schützende Schatten in des Tages Last und Hitze, und er wacht in der Nacht.

Der Psalm endet mit einem Segen: »Der Herr behüte dich vor allem Übel, er behüte deine Seele. Der Herr behüte deinen Ausgang und Eingang von nun an bis in Ewigkeit.«

Ausgang und Eingang – das sind zunächst der Ausgang aus dem zu Ende gehenden Jahr und der Eingang in das Jahr, das vor uns liegt. Doch nicht nur zum Jahreswechsel gibt es einen Ausgang und Eingang – und einen ungewissen Weg, der dazwischenliegt. Es tut gut zu hören, dass wir diesen Weg nicht allein gehen müssen. Wir haben einen Begleiter, der auch dann noch bei uns ist, wenn wir unseren letzten Weg antreten: vom Ausgang aus dieser Welt bis zum Eingang in die Ewigkeit Gottes.

# Neujahr

Früher begann das neue Jahr am 1. März, in manchen Ländern und Gegenden aber auch zu Weihnachten oder zu Ostern. Caesar hat uns den 1. Januar als Jahresanfang eingebrockt, aber es brauchte lange, bis sich dieser Termin überall durchsetzte. Noch Luther, für den das neue Jahr mit Weihnachten begann, schimpfte über die neumodische Feier des Neujahrstages am 1. Januar.

Und was soll man, streng genommen, auch feiern? So richtig Neues passiert an Neujahr meistens ja nicht. Das Wetter ist in der Regel so wie am Tag vorher. Die Welt hat sich an einem Tag meist nicht verändert. Nur dass man jetzt eine neue Jahreszahl auf Briefe schreiben muss. Manche nehmen Neujahr aber auch zum Anlass, ab jetzt tatsächlich etwas neu werden zu lassen. Ab heute wird gesünder und maßvoller gegessen, sagen die einen. Andere wollen wieder mehr Sport treiben. »Ich will im neuen Jahr weniger Überstunden machen«, sagt der leitende Angestellte. »Ich nehme mir fest vor, mit dem Rauchen aufzuhören«, sagt die Raucherin. Am Anfang des neuen Jahres blühen die Vorsätze. Ob diesmal mehr aus ihnen wird als im letzten Jahr?

Das ganze Jahr liegt noch vor uns. Aber viele Tage des neuen Jahres sind schon verplant: über Ostern und im Sommer in den Urlaub, im Frühling die Terrasse neu anlegen, im Mai die Konfirmation des Jüngsten, im August die Wohnung renovieren, im September die Wandertour mit den alten Freunden, im Oktober die Goldene Hochzeit der Großeltern.

Aber ob die Pläne aufgehen und wir überhaupt gesund bleiben? Dass es ganz anders kommen kann, weiß eigentlich jeder. Vor lauter

Pläne schmieden kann man die Realitäten des Lebens übersehen. Ich plane die nächste Woche, plane das nächste Jahr, plane für die Zukunft – doch dann kommt alles ganz anders.

»Daher sollt ihr sagen: Wenn der Herr will, werden wir leben und dies und das tun«, heißt es im Jakobusbrief (4,15).

Dieses Wort klingt vielleicht wie eine fromme Floskel, doch es beschreibt eine Lebenshaltung, die getragen ist von Gottvertrauen und tiefer Lebensweisheit. Und die sich gegen eine Einstellung richtet, die der Jakobusbrief ziemlich genau und ziemlich modern so beschreibt: »Die ihr sagt: Heute oder morgen wollen wir in die und die Stadt gehen und wollen ein Jahr dort zubringen und Handel treiben und Gewinn machen.« (4,13) So reden Menschen, die sich ihres Lebens sehr sicher sind. Sie berechnen genau, wie die Sache laufen und was dabei herauskommen muss. Sie planen ziel- und ergebnisorientiert. Am Ende werden sie Gewinn gemacht haben. So reden Menschen, die alles im Griff haben.

Der Jakobusbrief stellt ihnen die einfache Frage: »Was ist euer Leben?« Wirtschaftsfaktor, Kapital, Manövriermasse? Wo alles planbar wird und sich alles am Gewinn orientiert, da wird das Leben einfach als verfügbar vorausgesetzt. »Was ist euer Leben?«, fragt der Jakobusbrief und antwortet: »Ein Rauch seid ihr, der eine kleine Zeit bleibt und dann verschwindet.« (4,14) So flüchtig, so vergänglich ist unser Leben – aber gerade deshalb so kostbar und wertvoll. Jede Stunde, jeder Tag und gewiss auch dieses neue Jahr, sie sind ein Geschenk Gottes, ein Angebot zu leben, in Gemeinschaft mit Gott und in Gemeinschaft miteinander. Auf die Einstellung kommt es an! Wir werden weiterhin planen und Vorsätze fassen, Handel treiben und mit Geld umgehen. Aber alle Vorsorge und alle Planung kann das Leben nicht sichern. Es bleibt ein Geschenk Gottes, begrenzt und doch unendlich wertvoll, nicht verfügbar und doch von Gott her voller Sinn.

# Epiphanias – der Morgenstern

In diesen Tagen endet die Weihnachtszeit. Die Tannenbäume sind abgeschmückt, die Krippen werden wieder eingepackt, die Geschenke sind weggepackt oder schon umgetauscht. Bald beginnt wieder die Schule und für viele endet der Weihnachtsurlaub.

Am 6. Januar ist Epiphanias, bei uns besser bekannt als der Dreikönigstag, der in einigen Bundesländern als Feiertag begangen wird. In diesen Tagen ziehen auch die Sternsinger, verkleidet als Könige, von Haus zu Haus, sammeln Spenden und schreiben mit Kreide C+ M+ B und die neue Jahreszahl an die Haustüren – den alten Segensspruch »Christus mansionem benedicat«. Das heißt auf Deutsch: Christus segne dieses Haus.

Der 6. Januar war in der alten Kirche das ursprüngliche Datum für das Weihnachtsfest. In der orthodoxen Kirche wird es bis heute an diesem Tag gefeiert, mit dem von alters her die Erzählung von den drei Königen verbunden ist. Diese waren eigentlich keine Könige, sondern Sterndeuter; nach dem damaligen Verständnis waren sie Wissenschaftler, die den Zusammenhängen zwischen Himmel und Erde nachspürten. Wie viele es waren, wird in der Erzählung nicht gesagt. Später hat man aus den drei Geschenken, Gold, Weihrauch und Myrrhe, teure Luxusartikel der damaligen Zeit, geschlossen, dass es drei gewesen sein müssen. Noch später fand man für sie auch Namen: Kaspar, Melchior und Balthasar. Und da man sie zu Repräsentanten der drei damals bekannten Erdteile machte, wurde einer von ihnen zum »Mohren«. Aber das steht so nicht in der Bibel, sondern ist das Ergebnis späterer Legendenbildung.

»Wo ist der neugeborene König der Juden? Denn wir haben seinen Stern im Osten gesehen und sind gekommen, um ihn anzubeten«, fragen sie den amtierenden König der Juden.

Was war das für ein Stern, der den Wissenschaftlern aus dem Osten aufgegangen ist? Man weiß heute, dass es zur Zeit der Geburt Jesu dreimal eine seltene Annäherung der beiden Planeten Jupiter und Saturn gegeben hat. Aber ob das gemeint ist? Matthäus spricht doch von einem Wunderstern, der mit den Weisen mitzieht und schließlich über dem Haus stehen bleibt. Eher wird man sagen können, dass in der Antike damals die Meinung verbreitet war: Bei der Geburt eines großen Menschen taucht ein Komet oder eine andere Lichterscheinung am Himmel auf.

An hellen Sternen ist jetzt im Winter kein Mangel. Wenn man in einer sternklaren Nacht zum Himmel blickt, bietet sich einem ein grandioses Schauspiel, zumindest dort, wo man einen sternenübersäten Nachthimmel noch sehen kann. Im Südosten das strahlende Sternbild des Orion mit Sternen, die vierhundertmal größer sind als unsere Sonne, und mit dem Orion-Nebel, in dem immer noch neue Sterne geboren werden. Unter dem Orion steht der Sirius, der hellste Stern überhaupt. Der Blick in die Sterne reicht Millionen Jahre zurück. Das Licht der Andromeda-Galaxie, des entferntesten Objekts, das wir mit bloßen Augen sehen können, braucht zwei Millionen Jahre, bis es die Erde erreicht. Wer staunend in den Sternenhimmel blickt, so wie die Sterndeuter aus dem Morgenland damals, dem wird bewusst, dass er Teil von etwas viel Größerem ist. Der Blick in den Sternenhimmel stellt klar: Es gibt eine höhere Ordnung!

Viele Gesangbuchlieder der Epiphanias-Zeit singen vom »Morgenstern«: »Wie schön leuchtet der Morgenstern« oder »Du Morgenstern, du Licht vom Licht«. Was ist damit gemeint? Im Neuen Testament ist der »Morgenstern« ein Bild für den wiederkommenden Christus. In der Offenbarung des Johannes heißt es von Jesus Christus: »Ich bin die Wurzel und der Spross Davids, der helle Morgenstern.« (22,16)

Fragen wir einen Astronomen nach dem Morgenstern, so würde der wahrscheinlich antworten: Der Morgenstern ist kein Stern, sondern ein Planet, die Venus. Nach Sonnenuntergang als Abendstern im Westen zu sehen und schon lange vor Sonnenaufgang als Morgenstern im Osten. Sieht man den Morgenstern im Winter, weiß man: Bald wird es Tag, die Dunkelheit hat ein Ende. Deswegen wurde der Morgenstern zum Bild des wiederkommenden Christus.

Der Stern, den die Sterndeuter im Osten haben aufgehen sehen, war sicherlich nicht der Morgenstern. Den Planeten Venus kannten sie als professionelle Sternen-Wissenschaftler. Der Stern von Bethlehem war, so heißt es, ein unbekannter Stern, eine besondere Himmelserscheinung. Diesem Stern folgten die klugen Sterndeuter und er führte sie zu dem Kind der Maria und des Josef.

Welchem Stern wollen wir folgen?

Es gibt so unermesslich viele, 70 Trilliarden schätzt man im ganzen Universum. Nur Dreitausend können wir mit bloßem Auge sehen. Sterne und Stars gibt es auch hier auf Erden: Medien-Stars, Pop-Stars, Sport-Stars, auch Wissenschafts-Stars. Manche leuchten noch hell, andere sind schon verblasst, die meisten sind schon wieder erloschen.

Ein Licht leuchtet noch immer hell. Es ist damals mit dem Stern von Bethlehem aufgegangen, in der Geburt des Jesus von Nazareth. In seinen Worten haben Menschen seit zweitausend Jahren die Wahrheit gefunden. In seinem Leben haben sie Hoffnung und Zuversicht für sich selbst entdeckt. Dieses Licht hat seit zweitausend Jahren nichts von seiner Kraft verloren – während so viele andere Lichter und Sterne längst erloschen sind. Dieses Licht scheint auch jetzt, wie grau und trüb die Welt draußen auch sein mag.

# 27. Januar – Tag des Gedenkens an die Opfer des Nationalsozialismus

Am 27. Januar 1945 erreichte die Rote Armee das Konzentrationslager Auschwitz. Im Lager trafen die Soldaten auf nur noch 7.000 Häftlinge, die kaum mehr waren als lebende Skelette. Die SS hatte sie zurückgelassen, aber 56.000 weitere Gefangene auf sogenannte »Todesmärsche« geschickt. Unterernährt und spärlich bekleidet wurden sie durch den kalten Winter Richtung Westen getrieben. Jeder vierte kam dabei um.

Seit 1996 wird der 27. Januar in Deutschland als »Tag des Gedenkens an die Opfer des Nationalsozialismus« begangen. Mit dem Gedenktag wird an die Millionen von Menschen erinnert, die unter der nationalsozialistischen Gewaltherrschaft entrechtet, verfolgt und ermordet wurden. Die Initiative für einen solchen Gedenktag ging von Ignaz Bubis aus, dem damaligen Vorsitzenden des Zentralrats der Juden. Der Bundestag griff die Initiative auf und Bundespräsident Herzog erklärte Anfang 1996 den 27. Januar zum »Nationalen Gedenktag«.

Als Zeichen der Erinnerung werden an diesem Tag die Flaggen auf halbmast gesetzt, es gibt eine Gedenkstunde im Deutschen Bundestag, im ganzen Land finden Gedenkveranstaltungen, Gottesdienste, Lesungen und Zeitzeugengespräche statt.

Warum soll man sich nach so langer Zeit immer noch an diese Ereignisse erinnern? Muss nicht doch irgendwann ein Schlussstrich unter dieses schlimme Kapitel deutscher Geschichte gezogen werden? Nach Umfragen will fast die Hälfte der Deutschen nichts mehr vom Holocaust hören.

Das ist erschreckend! Denn was in Auschwitz geschehen war, hatte es in der Welt bis dahin noch nicht gegeben. Auschwitz ist der Name für die industriell organisierte Ermordung von 5-6 Millionen Juden. Auschwitz war so ungeheuerlich, dass »nicht einmal in 100 Generationen« (Werner Maihofer) je Gras über diesen Massenmord wachsen wird. Auschwitz hat gezeigt, wozu Menschen fähig sind, ja, wozu Deutsche fähig gewesen sind. Auschwitz ist ein irreparabler Bruch, eine offene Wunde in der deutschen Geschichte.

Ein Sprichwort sagt: »Wer sich nicht an die Vergangenheit erinnern will, ist dazu verdammt, sie zu wiederholen.« Unmittelbar nach dem Krieg verdrängten die Deutschen das Geschehen. Sie waren mit dem eigenen Überleben, der Beseitigung der Trümmer und dem Wiederaufbau beschäftigt. Die meisten sagten: »Wir haben davon nichts gewusst.« Genauer muss man wohl sagen: Man wollte auch gar nicht so genau wissen, was mit den verschwundenen Juden geschah.

Besonders bedrückend ist das Schweigen der Kirchen zum Massenmord an den Juden. Weder in der Katholischen noch in der Evangelischen Kirche regte sich nennenswerter Widerstand gegen die Verfolgung und Deportation der Juden. Deren Menschenrechte sind von den Kirchen nicht verteidigt worden. Unterschwellig tiefsitzende antijudaistische Aversionen hinderten viele Christen daran, gegen das offenkundige Unrecht zu protestieren. Es waren nur einzelne Christinnen und Christen, die es wagten, jüdische Mitmenschen zu verstecken oder ihnen die Flucht ins Ausland zu ermöglichen: wie etwa Gertrud Staewen und Harald Poelchau in Berlin, die Juden versteckten oder mit Pässen versorgten; oder wie Andre Trocme und sein Dorf in Frankreich, die Juden in die

Schweiz brachten; oder wie Heinrich Grüber und sein »Büro«, die sich der zum Christentum konvertierten Juden annahmen, um die sich sonst keiner kümmerte. Auch als die Evangelische Kirche im Herbst 1945 ein Schuldbekenntnis veröffentlichte, wurden die ermordeten Juden darin mit keinem Wort erwähnt.

Auschwitz ist der größte Friedhof der Welt, aber ein Friedhof ohne Grabsteine. Doch die dort Ermordeten hatten alle einen Namen. Am »Gedenktag für die Opfer des Nationalsozialismus« geht es auch darum, den Opfern Gerechtigkeit widerfahren zu lassen. Es waren Menschen wie du und ich, sie hatten einen Namen, waren Frauen, Männer und Kinder, sie hatten eine Wohnung, einen Beruf, ein Zuhause. Um daran zu erinnern, hat der Bildhauer Gunter Demnig 1996 begonnen, überall in Deutschland im Straßenpflaster vor den Wohnungen von deportierten Juden Stolpersteine zu verlegen. So bekommen die Opfer einen Namen und es wird klar: Es waren unsere Mitbürger.

Es waren Menschen, es waren Deutsche, die Auschwitz geplant und sechs Millionen Juden umgebracht haben. Aber, die Frage muss erlaubt sein, wo war Gott eigentlich in Auschwitz? Warum hat er nicht eingegriffen?

Nicht nur Christen fragen so, gerade im Judentum gab es nach dem Krieg eine intensive Diskussion zu dieser Frage. Die einen sagten: »Gott ist in Auschwitz gestorben.« Andere entgegneten: »Wir dürfen nicht an Gott verzweifeln, sonst hat Hitler doch noch gewonnen.« Durchgesetzt hat sich dann die Meinung des amerikanischen Rabbiners Emil Fackenheim: Man kann keinen religiösen Sinn in Auschwitz finden. Möglich, ja notwendig ist nur eine Antwort auf Auschwitz, eine Antwort, die wir geben müssen. Sie heißt: Nie wieder!

Nie wieder Antisemitismus dulden – in welcher Form auch immer! Den Anfängen wehren – sofort und kompromisslos!

# Bibelsonntag – eine Bibel erzählt vom Leben

Ich habe hier eine alte Bibel.

Es ist die Bibel meiner Urgroßeltern. Sie ist 1888 gedruckt worden. Wann meine Urgroßeltern diese Bibel gekauft haben, konnte ich nicht feststellen. Eine Bibel dieser Aufmachung kostete damals etwa 15 Reichsmark. Dafür musste ein einfacher Arbeiter damals – mein Urgroßvater war Schneider – fast eine Woche arbeiten. Trotzdem war es damals für jede evangelische Familie – zumindest in Ostwestfalen – fast eine Selbstverständlichkeit, eine Bibel zu Hause zu haben. Eine Bibel, in der auch gelesen wurde. Das zeigen die vielen Gebrauchsspuren. Da gibt es lose Blätter und verknickte Seiten, Bleistiftstriche und Eselsohren. Aus dieser Bibel wurde den Kindern vorgelesen: von Josef und seinen Brüdern, von David und Goliath, vom barmherzigen Samariter. Mit diesen Geschichten sind die Kinder aufgewachsen; sie haben ihnen geholfen, Gott und die Welt zu verstehen.

Aber auch die Erwachsenen haben die Bibel aufgeschlagen, um darin zu lesen – und um bei wichtigen Lebensereignissen Rat und Orientierung zu suchen. So steht in dieser alten Bibel auf der ersten Seite mit Bleistift geschrieben: »Vaters Leichentext: Hiob 19,25-27«. Hiob 19 – da heißt es: »Aber ich weiß, dass mein Erlöser lebt; und er wird mich hernach aus der Erde auferwecken.« Diese Verse sind in der Bibel mit Bleistift angestrichen. Ich vermute, dass mein Vater diesen Vers nach der Beerdigung seines Vaters notiert hat. Er war damals 21 Jahre alt. Mit einem Male hatte er die Hauptverantwortung für die Familie, für seine Mutter und für die jüngere Schwester. Er musste nun für sie sorgen, das Geld »reinbringen«, die Familie über Wasser halten.

Solche Situationen gibt es im Leben: ein Unfall, eine plötzliche Krankheit, eine schlimme Nachricht – und mit einem Mal sind die Selbstverständlichkeiten des Alltags zerbrochen. Da braucht man etwas, woran man sich halten kann: gute Freunde etwa oder auch eine Gewissheit – wie sie entstehen kann, wenn man öfter in der Bibel liest und einem die guten Geschichten Gottes nicht mehr aus dem Kopf gehen.

Ich blättere weiter in der alten Bibel. Zwischen zwei Seiten, bei den Psalmen, liegt ein altes Kalenderblatt. Es trägt das Datum des 28. April 1931 und handelt vom Sinn des Betens. 1931 – da war mein Großvater seit drei Jahren tot. Vielleicht hat meine Großmutter damals öfter in der Bibel gelesen und sich dabei dieses Kalenderblatt als Merkzeichen zwischen die Seiten gelegt.

Ich bin überzeugt, auch heute noch kann sich jede und jeder in der Bibel wiederfinden. Wer stumm geworden ist in seinem Schmerz, findet in der Bibel Worte, mit denen er klagen kann: »Mein Gott, mein Gott, warum hast du mich verlassen?« Wer vor Sorgen nicht mehr aus noch ein weiß, der hört in der Bibel Zusagen, an denen er sich wieder aufrichten kann: »Der Herr ist mein Hirte, mir wird nichts mangeln.« Wer nicht weiß, was er mit seinem Leben anfangen soll, der hört wie der reiche Jüngling die Stimme Jesu: »Geh hin, verkauf deinen Besitz, gib ihn den Armen und folge mir nach!«

Die Bibel ist unausschöpflich. Schwerlich wird die Menschheit noch Worte finden, die an Tiefe und Kraft über das hinausreichen, was in manchen Psalmen über und zu Gott gesagt wurde. Aber diesen Worten stehen in derselben Bibel ganz andere Äußerungen über Gott gegenüber, in denen so ziemlich alles souverän vorweggenommen ist, was spätere Gottesleugner zu sagen wussten. Nirgendwo finden sich aber auch revolutionärere Worte als in der Bergpredigt, die über lange Zeit als naiv und unrealistisch abgetan wurde. Doch heute ahnen wir, dass wir diese Rede wohl wieder ernster nehmen müssen, wenn wir auf dieser Erde menschlich überleben wollen.

Kein anderes Buch enthält so viele Erfahrungen über Gott und die Welt wie die Bibel. Es sind die Erfahrungen von Generationen, die der Erinnerung für wert befunden wurden, weil wir Menschen uns in ihnen selbst begreifen können.

Denn solange wir in dieser Welt leben, brauchen wir nicht nur Brot, Kleidung und ein Dach über dem Kopf, sondern auch Geschichten, an die wir uns erinnern können und die uns zeigen, woher wir kommen und wohin wir gehen. Geschichten, wie sie die Bibel in Hülle und Fülle bietet.

Jede Gesellschaft lebt nicht nur vom erwirtschafteten Bruttosozialprodukt, sondern auch aus ihrem kulturellen Gedächtnis. Die Bibel ist ein zentraler Teil unseres kulturellen Gedächtnisses, ja, sie ist ein geistiges Weltkulturerbe, das nicht nur bewahrt, sondern auch angeeignet werden will. Wenn dieses Erbe in Vergessenheit gerät, wenn immer mehr Menschen mit dem »verlorenen Sohn«, mit »Kain und Abel«, der »Arche Noah«, dem »Goldenen Kalb«, mit Hiob oder den Emmausjüngern nichts mehr anfangen können, geht mehr verloren, als wir uns vermutlich vorstellen können.

Meine alte Bibel ist jetzt über 130 Jahre alt und ich besitze sie in der vierten Generation. Wenn ich einen Gottesdienst vorzubereiten habe, benutze ich meist neuere Bibeln. Doch ab und zu hole ich auch diese alte Bibel hervor. Wenn ich sie aufschlage, entdecke ich an manchen Stellen die Gebrauchsspuren meines Vaters oder meiner Großmutter. Ein Buch fürs Leben, ja, für mehrere Leben.

Vincent van Gogh »Rosa Pfirsichbäume / ›Souvenir de Mauve‹«,
Öl auf Leinwand, 73 x 60 cm, ca. 30. März 1988, Kröller-Müller-Museum,
Otterlo/Niederlande

# Vincent van Gogh »Rosa Pfirsichbäume / ›Souvenir de Mauve‹«

Anfang 1888 zieht es Vincent van Gogh in den Süden Frankreichs nach Arles. Das helle Licht des Südens, die Wärme der Farben und der unmittelbare Kontakt zur Natur ziehen ihn an. »Ach, wer hier nicht an die Sonne glaubt, der ist gottlos«, schreibt er an seinen Bruder. Van Gogh malt in Arles alles, was er sieht, vor allem Landschaften, Gärten, Felder und Blumen. Zu Ehren seines verstorbenen Den Haager Lehrers Mauve malt er einen blühenden Pfirsichbaum. Unmissverständlich kündigt der blühende Baum den nahenden Frühling an. Der Baum erhebt sich inmitten eines Obstgartens. Auf der Erde schmilzt der letzte Schnee dahin, am Fuß des Schilfzaunes zeigt sich schon das frische Grün, die wenigen Wolken am Himmel vermischen sich mit dem Rosa der Blüten. Ein Bild des Frühlings.

# Frühling

Es ist Frühling. Die Natur erwacht zu neuem Leben. Zuerst waren die Schneeglöckchen da, unverwüstlich wie immer. Dann kamen die Krokusse und die Primeln. Weithin leuchten jetzt schon die Narzissen und auch die Tulpen sind schon im Anmarsch.

Die ersten Zweige haben grüne Triebe und an den Obstbäumen sieht man dicke Knospen. Morgens wecken einen wieder die Vögel, die singend um eine Partnerin werben.

Und wenn im März die Kraniche in großen Formationen über den Himmel in ihre Brutgebiete ziehen, geht der Blick nach oben und man weiß: Der Winter ist vorbei.

Die Natur erwacht zu neuem Leben. Man möchte gerne rausgehen, einen Spaziergang machen. Frühlingsgefühle stellen sich ein.

*»Die Welt wird schöner mit jedem Tag,*
*man weiß nicht, was noch werden mag,*
*das Blühen will nicht enden.*
*Es blüht das fernste, tiefste Tal:*
*Nun, armes Herz, vergiss die Qual!*
*Nun muss sich alles, alles wenden!«,*

dichtete einst Ludwig Uhland. Wir können uns heute kaum noch vorstellen, wie sehnsüchtig Menschen in vergangenen Zeiten, als es noch keine Zentralheizung, kein elektrisches Licht und keinen Kühlschrank gab, den Frühling erwarteten. Endlich war der kalte und dunkle Winter vorbei. Nun begann das Leben von Neuem.

Und ich muss zugeben: Je älter ich werde, umso ungeduldiger warte ich auf den Frühling. Wir sind eben doch abhängiger von der Natur, als wir oft denken. Fernsehen, das Internet oder der Besuch im Fitness-Studio können eben doch den Sonnenschein, das Grün der Bäume und das Leben in der Natur nicht ersetzen. In Betonwüsten können wir nicht gut leben, wir brauchen das Grün. Nicht Straßen und Parkplätze produzieren den Sauerstoff, den wir zum Atmen brauchen, das tun einzig und allein die Pflanzen und Bäume. Die Natur hat heilende Kräfte, das frische Grün hat eine therapeutische Wirkung, in der Natur geht's einem besser.

Man kann das alles natürlich auch erklären. Die Frühlingsgefühle entstehen, wenn sich unser Hormonhaushalt verändert. Mehr Tageslicht fördert die Ausschüttung von Serotonin, das uns aktiver macht und die Stimmung hebt. Gleichzeitig geht die Ausschüttung des Schlafhormons Melatonin zurück.

Doch erklärt dieser Mechanismus wirklich, warum wir uns so über den Gesang der Vögel im Garten freuen? Warum uns ein blühender Apfelbaum so verzaubert? Warum uns der Zug der Kraniche am Himmel so berührt und die Natur im Frühling zu uns »spricht«?

Wir leben in Zusammenhängen, die weit über das hinausgehen, was wir erklären und in Formeln ausdrücken können. Dass die Erde immer wieder einen solchen Überfluss an Blumen und Pflanzen hervorbringt, ist alles andere als selbstverständlich. Man kann nur staunen und sich an der überwältigenden Schönheit der Schöpfung im Frühling freuen.

*»Freuet euch der schönen Erde,*
*denn sie ist wohl wert der Freud.*
*O was hat für Herrlichkeiten*
*unser Gott da ausgestreut!«,*

heißt es in einem Lied von Philipp Spitta. Die Narzissen und die Tulpen, die Amseln und die Rotkehlchen, sie predigen und sie singen im Frühjahr auch von dem, der alles geschaffen hat und der im Frühling mit seinem schöpferischen Geist das Antlitz der Erde erneuert.

*»Herr, wie sind deine Werke so groß und viel!*
*Du hast sie alle weise geordnet,*
*und die Erde ist voll deiner Güter.« (Psalm 104,24)*

# Das Fasten

Erst kommen die tollen Tage, dann kommt das Fasten. Bevor man sechs Wochen verzichten übt, wird noch einmal so richtig gefeiert. So entstand der Karneval – zu Deutsch: »Fleisch, lebe wohl« (lat.: carne vale). Aschermittwoch ist dann alles vorbei und den Gläubigen wird das Aschekreuz auf die Stirn gezeichnet mit den Worten: »Mensch gedenke, dass du Staub bist und zum Staub zurückkehren wirst.«

Ist Fasten eine Sache der Katholiken?

Die Hochburgen des Karnevals liegen in katholischen Gegenden, doch seit etwa 40 Jahren haben auch die Protestanten das Fasten wiederentdeckt. In den 80er-Jahren beschloss eine Gruppe von Theologen und Journalisten, in den sieben Wochen von Aschermittwoch bis Ostern zu fasten. Ein Jahr später schlossen sich einige Hundert Menschen an. Daraus wurde die Fastenaktion »7 Wochen ohne«, an der sich 1989 schon 500.000 Menschen beteiligten. Inzwischen nehmen jährlich mehr als zwei Millionen Menschen in Deutschland an der Aktion teil.

Am Anfang stand das Unbehagen am Zuviel: zu viel Essen, zu viel Konsum, zu viel von allem! Viele hatten den Wunsch, wieder einfacher zu leben. Von den tausend Annehmlichkeiten, mit denen man sich im Leben eingerichtet hat, wieder herunterzukommen. Nicht nur für die eigene Gesundheit etwas zu tun, sondern auch eine neue Perspektive fürs eigene Leben zu entdecken und auszuprobieren – wenigstens sieben Wochen lang.

In der alten Kirche dienten die 40 Tage vor Ostern der Vorbereitung von »Katechumenen« auf die Taufe. Sie wurden nicht nur im Glauben unterrichtet, sie bereiteten sich mit Fasten auch ganz individuell auf das große Ereignis vor.

Mönche und Nonnen bauten das Fasten im Mittelalter immer mehr aus. Man fastete zwei Tage in der Woche, mittwochs und freitags, es gab Fastentage und Fastenzeiten über das ganze Jahr verteilt und die Verpflichtung für alle Christen, am Fasten teilzunehmen.

Diese Fastenpraxis kritisierten die Reformatoren als reine Äußerlichkeit. Das Wohlwollen Gottes könne man so nicht erwerben.

Ulrich Zwinglis Reformation in der Schweiz begann mit einem demonstrativen öffentlichen Wurstessen am ersten Sonntag der Fastenzeit. Zwingli rechtfertigte diese Aktion mit der Freiheit eines Christenmenschen: »Kurz und einfach gesagt: Willst du gerne fasten, dann tue es. Willst du dabei auf Fleisch verzichten, dann iss auch kein Fleisch! Lass mir dabei aber dem Christen die freie Wahl!«

Diese evangelische Freiheit gilt bis heute!

Ich tue mich deshalb schwer mit allen großangelegten Fastenaktionen. Wenn Fasten, dann freiwillig: ohne Druck – und auch nicht, weil es gerade »in« ist. Ich habe nichts gegen Verzicht. Ich möchte mir das freiwillige Verzichten aber nicht von außen vorschreiben lassen – auch nicht von der Kirche.

Gut am Fasten finde ich es, alte Gewohnheiten zu überdenken und etwas Neues auszuprobieren. Alten Schlendrian beenden und aus dem alten Trott ausbrechen – daraus können sich tatsächlich neue Perspektiven ergeben. So kann die Fastenzeit in evangelischer Freiheit wirklich eine Zeit der Selbstbesinnung werden. Aber das Fasten sollte mehr mit innerer Umkehr und Selbstbesinnung als mit Selbstoptimierung und Selbstinszenierung zu tun haben.

Man sollte das Fasten auch nicht mit zu großen Versprechungen aufladen. Es geht nicht um die »Begegnung mit Gott« oder um ein »Rendezvous mit der Freiheit« oder was man da alles hören und lesen kann. Niemand wird durch Fasten in den Augen Gottes ein besserer Mensch.

Aber es ist eine Möglichkeit, sich in der Zeit vor Ostern von schlechten Gewohnheiten zu befreien und sich auf die wesentlichen Dinge des Lebens zu besinnen.

# Weltgebetstag der Frauen – Internationaler Frauentag

Die Vereinten Nationen erklärten 1975 den 8. März offiziell zum Internationalen Frauentag, der seitdem in Deutschland und in vielen anderen Ländern begangen und in Berlin seit 2019 sogar gesetzlicher Feiertag ist.

Der Weltgebetstag der Frauen, der an jedem ersten Freitag im März jeden Jahres begangen wird, spielt demgegenüber in der Öffentlichkeit keine große Rolle. Außerhalb der Kirchen kennt kaum jemand diesen Tag. Das ist schade und erstaunlich! Denn der Weltgebetstag ist weltweit die größte Basisbewegung christlicher Frauen. Es sind nicht die kirchlichen Profis, sondern die Frauen aus der evangelischen Frauenhilfe, der katholischen Frauenbewegung oder aus der Heilsarmee, die den Weltgebetstag prägen.

Jedes Jahr stellen sie ein anderes Land und die Lebenssituation von Frauen und Mädchen in diesem Land in den Mittelpunkt. Christliche Frauen aus diesen Ländern wählen Texte, Gebete und Lieder aus, mit denen in 108 Ländern und 88 Sprachen Gottesdienste gefeiert werden, die sich alle an der gleichen Liturgie orientieren.

Der Weltgebetstag hat dabei auch eine politische Seite. »Informiert beten – betend handeln« heißt das Motto. Die Kollekten, die in den Gottesdiensten gesammelt werden, unterstützen Frauen- und Mädchenprojekte in der ganzen Welt. Bei der Vorbereitung des Gottesdienstes beschäftigen sich die Frauen mit den politischen Problemen und der Lebenssituation der Menschen in den jeweiligen Ländern. Die Frauen in Deutschland erfahren etwas über Rumänien oder Palästina, die in Argentinien über das Leben in Taiwan oder Tansania. Das ist einzigartig.

Der Weltgebetstag weitet den Blick für die Welt draußen und macht neugierig auf das Leben in anderen Ländern und Kulturen.

Den Internationalen Frauentag gibt es seit 1911, seit 1921 liegt er auf dem 8. März. Von Anfang an ist er mit dem Kampf um gleiche Rechte für Frauen verbunden. Zunächst ging es vor allem um das Wahlrecht für Frauen. Als das 1918 in Deutschland erreicht war, forderten die Frauen gleichen Zugang zur Bildung und gleichen Lohn für gleiche Arbeit.

Der Internationale Frauentag hatte in Deutschland immer einen schweren Stand, er wurde lange Zeit als sozialistisch verdächtigt. Von den Nationalsozialisten wurde er verboten, sie propagierten stattdessen den Muttertag. Erst eine neue Frauenbewegung schaffte es in den 1970er-Jahren, den Internationalen Frauentag in Deutschland wiederzubeleben. Seitdem finden am 8. März an vielen Orten, auch in Kirchen, Veranstaltungen und Aktionen statt, in denen gegen sexualisierte Gewalt oder für gleiche Beteiligung von Frauen in Führungspositionen demonstriert wird.

Auch 75 Jahre später, nachdem die »Mütter des Grundgesetzes« den Satz »Männer und Frauen sind gleichberechtigt« im Grundgesetz verankern konnten, geht es noch immer um volle Gleichberechtigung.

Mit der hat sich auch die Evangelische Kirche lange schwer getan. Erst in den 1970er-Jahren bekamen Pfarrerinnen die gleichen Rechte und 1992 wurde die erste Bischöfin in Deutschland ins Amt eingeführt. Inzwischen sind die Frauen mit mehr als 50 Prozent in allen kirchenleitenden Gremien beteiligt. Die Katholische Kirche hat hier allerdings noch einen großen Nachholbedarf. Nach wie vor ist den Frauen hier der Zugang zu den wichtigsten Ämtern verwehrt.

Marc Chagall »Weiße Kreuzigung«, Öl auf Leinwand, 154,6 x 140 cm, 1938,
Inv. Nr. 1946.925, Art Institute, Chicago/USA

# Marc Chagall »Weiße Kreuzigung«

Marc Chagall malte die »Weiße Kreuzigung« 1938 als Antwort auf die Verfolgung der Juden und die Zerstörung der Synagogen in Deutschland. Er wagte es, das furchtbare Geschehen mit der Kreuzigung Jesu in Verbindung zu bringen. Der Gekreuzigte steht hier für die gemarterten jüdischen Menschen zu allen Zeiten. Um das Kreuz herum sind erschreckende Szenen jüdischen Leidens dargestellt: Oben links marschieren Soldaten mit roten Fahnen – Erinnerung an die Pogrome in Russland. Ein Dorf geht in Flammen auf, Flüchtlinge versuchen, sich auf einem Schiff zu retten. Am rechten Bildrand brennt eine Synagoge. Ein SA-Mann wirft die Kultgeräte auf die Straße. Rechts unten brennt eine Thorarolle lichterloh. Ein jüdischer Bauer mit grünem Mantel verlässt fluchtartig die Heimat, die wenigen Habseligkeiten in einem Sack auf den Schultern. Ein die Thorarolle umklammernder Mann blickt verstört hinüber zur zerstörten Synagoge und versucht, wenigstens die Heilige Buchrolle zu retten.

Mitten in diesem Inferno hängt Jesus am Kreuz. Chagall hat ihn betont als Juden dargestellt. Der Lendenschurz ist der jüdische Gebetsschal. Unter dem Kürzel INRI steht in voller hebräischer Schrift: »Jesus, der Nazarener, König der Juden«. Für Chagall war der gekreuzigte Jesus der leidende jüdische Gottesknecht (Jesaja 53).

Von oben fällt ein heller Lichtstrahl auf den Gekreuzigten, er trifft auch den jüdischen Leuchter am Fuß des Kreuzes.

# Passionszeit – Passionsgeschichte

Seit je hat die Geschichte des Leidens und Sterbens des Jesus von Nazareth Menschen fasziniert. Es gibt unzählige Passions- und Kreuzesdarstellungen: Jesus vor Pilatus, Jesus mit der Dornenkrone, Jesus am Kreuz. In fast allen katholischen Kirchen finden sich Kreuzwegstationen. Johann Sebastian Bachs Matthäuspassion hören auch die, die sonst nie zur Kirche gehen.

Woher kommt diese ausgeprägte Passionsfrömmigkeit?

Die Passionserzählung ist eine »Grundgeschichte« des Christentums. Die Evangelien sind eigentlich »Passionsgeschichten mit ausführlicher Einleitung«, wie der Theologe Martin Kähler schon im 19. Jahrhundert festgestellt hat. Schon früh ist vermutlich eine eigenständige Passionserzählung entstanden, die dann von den einzelnen Evangelisten übernommen und bearbeitet worden ist. Diese Geschichte gehört zu den eindrücklichsten Erzählungen der Weltliteratur. Sie geht unter die Haut, wenn man sie unvoreingenommen hört oder aufmerksam liest.

Ihre große Wirkung hat die Passionserzählung darin, dass uns hier ein Spiegel vorgehalten wird. Sie ist bewusst so erzählt, dass sich jeder Mensch darin wiederfinden kann.

»Siehe, der Mensch!«, sagt Pilatus, als er nach dem Verhör den geschundenen Jesus der Öffentlichkeit präsentiert. In der Tat, Jesus ist hier der Mensch, in dessen Leidensgestalt sich jeder Mensch wiedererkennen kann, so wie er ist: leidend und sterbend, elend und verlassen.

Als Jesus in Jerusalem einzieht, stehen die Menschen an der

Straße, breiten ihre Kleider auf dem Weg aus und rufen: »Hosianna! Gelobt sei, der da kommt im Namen des Herrn!« Einige Tage später aber schreien dieselben Leute: »Kreuzige ihn!«

Seinen Jüngern sagt Jesus voraus: »Ihr werdet euch alle von mir abwenden!« Darauf antwortet Petrus vollmundig: »Ich nicht! Vielleicht alle anderen, aber ich nicht!« Doch als es im Hof des Hohenpriesters ernst wird und er von einer Magd erkannt wird, streitet er ab, Jesus überhaupt zu kennen.

Und schlimmer noch: Einer ganz aus der Nähe, der alle Wege mitgegangen ist, wechselt die Seiten und verrät Jesus an seine Gegner. Mit einem Kuss! Für dreißig Silberlinge!

So sind wir Menschen! Wechseln die Seiten, verraten den besten Freund und weinen hinterher bittere Tränen!

Und dann die Szene in Gethsemane: »Traurigkeit und Angst befielen ihn, und er sagte zu ihnen: Ich bin verzweifelt und voller Todesangst. Wartet hier und wacht mit mir.« Doch alle schlafen ein! Und Jesus ist allein, schwach und einsam. Kein strahlender Held, sondern in der Todesangst unser Bruder.

Die jüdischen Autoritäten wollen Jesus loswerden und schwärzen ihn als politischen Unruhestifter beim römischen Statthalter Pilatus an. Pilatus begeht einen Justizmord und wäscht seine Hände in Unschuld. Der König Herodes hätte gern ein Schauwunder von Jesus gesehen. Als der sich verweigert, treibt er seinen Spott mit ihm, hängt ihm ein königliches Gewand um und schickt ihn wieder weg.

Und schließlich die Soldaten! Anschaulich wird in der Passionsgeschichte beschrieben, wie sie ihren Mutwillen mit dem Gefangenen treiben: »Sie ziehen ihm einen Purpurmantel an und flechten ihm eine Krone aus Dornenzweigen. Die setzen sie ihm auf den Kopf und grüßen ihn voller Hohn: Es lebe der König der Juden! Dabei schlagen sie mit einem Stock auf seinen Kopf und spucken ihn an. Dazu fallen sie auf die Knie und werfen sich vor ihm auf den Boden.«

Das ist keine billige Komödie, das ist blutiger Ernst. So ist man mit Gefangenen umgesprungen zu allen Zeiten. Auch heute noch.

In der Passionsgeschichte erleben wir, wie es einem ergehen kann, der in die Mühlen der Justiz gerät und unschuldig verurteilt wird. Wir sehen, wie wankelmütig das Volk ist. Wir erfahren, wie ein Mensch selbst von seinen Angehörigen und Freunden verlassen und verraten werden kann. Nirgends ist uns Christus näher als im Leiden.

Auf dem Weg zum Kreuz wird offenbar, was das für eine Welt ist, in der Jesus damals lebte und in der wir 2.000 Jahre später immer noch leben: »Er kam in sein Eigentum und die seinen nahmen ihn nicht auf«, heißt es im Johannesevangelium. Nur einen Platz hatte man für ihn, den Platz am Kreuz.

Bei Jesu Hinrichtung wirken die politische Weltmacht Rom und die Religion des von dieser Weltmacht unterdrückten Israel zusammen. Alle werden sie schuldig: die politische Macht, die Justiz, die öffentliche Meinung und auch die Religion. Die mittelalterlichen Maler scheuten sich darum nicht, auch Bischöfe und Päpste ihrer Zeit als Drahtzieher unter dem Kreuz darzustellen.

Die Stationen der Leidensgeschichte Jesu: Verrat, Verhaftung, Verurteilung, Verspottung, Folter und Tod – sie wiederholen sich immer wieder. In den Diktaturen und Bürgerkriegen dieser Welt und überall dort, wo die Menschenrechte mit Füßen getreten werden. Jesus ist nur einer von vielen.

Umso entscheidender ist, dass Gott sich mit der Auferweckung dieses einen definitiv auf die Seite der Opfer geschlagen hat. Jesus ist einer von jenen unzählig vielen, die eh und je zum Schweigen gebracht worden sind. Aber seine Stimme ist nicht verstummt. Seine Stimme redet, denn ihn hat Gott auferweckt aus der Stummheit des Todes. Und so ist er die Stimme aller geworden, die nicht mehr reden können, weil man sie umgebracht hat. Erinnern wir uns in der Passionszeit an das Leiden und Sterben Jesu Christi, dann denken wir auch an all die, die unschuldig gefoltert und umgebracht worden sind. Die Passionsgeschichte will uns anstiften, an die Seite der Opfer zu treten und unnötiges Leid zu beenden, wo immer wir ihm begegnen.

# Judas

»Da ging einer von den Zwölfen, mit Namen Judas Iskariot, hin zu den Hohepriestern und sprach: Was wollt ihr mir geben? Ich will ihn euch verraten. Und sie boten ihm dreißig Silberlinge. Und von da an suchte er eine Gelegenheit, dass er ihn verriete.« (Matthäus 26,14-16)

Eine einzige Tat ist es, die den Namen »Judas« im christlichen Kulturkreis bis heute zu einem Schimpfnamen gemacht hat: Judas hat Jesus verraten. Zwar lehrte Jesus täglich im Tempel und vermutlich lag bei den offiziellen Stellen längst ein Dossier über ihn vor, aber Judas verriet den Ort, an dem Jesus mit den Jüngern das letzte Abendmahl nahm. In einer Nacht-und-Nebel-Aktion führte er eine Bande von Häschern, mit Knüppeln und Schwertern bewaffnet, zu dem Mann, zu dessen engstem Kreis er gehört hatte. Sein Lohn: 30 Silberlinge, der Wert eines preiswerten Sklaven. Und um das Maß der Verworfenheit vollzumachen: Er verriet seinen Herrn durch einen Kuss – Judaslohn, Judaskuss.

Viel weiß man nicht von ihm. Judas Iskariot heißt er, zu Deutsch: Judas, der Mann aus dem Dorf Karioth. Der einzige Judäer unter den 12 Jüngern, die sonst alle wie Jesus selbst aus Galiläa stammten. Die vier Evangelisten lassen kein gutes Haar an ihm, besonders Johannes nicht. Er nennt ihn einen Dieb, der aus der Gemeinschaftskasse der Jünger, die er verwaltete, Geld für sich abzweigte. Ob das stimmt, wissen wir nicht. Je größer der zeitliche Abstand zum historischen Geschehen, umso niederträchtiger wird Judas in den Evangelien beschrieben.

In den mittelalterlichen Darstellungen erscheint Judas dann als Inbegriff des Bösen, als Werkzeug des Teufels. Er wird zur Hassfigur der Kirche – und zum Liebling der Antisemiten. Jahrhundertelang wurde Judas mit den Juden schlechthin gleichgesetzt. Die Gleichsetzung prägte die christlichen Passionsspiele. Gerade in der Karwoche, in der diese aufgeführt wurden, hatten die Juden am meisten unter den Christen zu leiden.

Bis heute ist der Name Judas mit so negativen Assoziationen besetzt, dass das deutsche Namensgebungsgesetz zum Schutz eines Kindes untersagt, ihm den Namen Judas zu geben.

Warum hat Judas Jesus verraten? Aus Geldgier, behauptet das Johannesevangelium; weil er Jesus zwingen wollte, als Messias gegen die römische Besatzungsmacht anzutreten, meinte schon Goethe; aus Enttäuschung über die Gewaltlosigkeit Jesu, vermutete Richard Wagner; weil er glaubte, dass Jesus sich immer mehr vom Judentum entfernte, meinen andere. Die Wahrheit ist: Wir wissen es nicht!

In der Reformationszeit fand man zu einer neuen Antwort: Judas ist einer von uns. Die Schuld am Tod Jesu trägt nicht Judas, tragen nicht die Juden, es ist die Schuld aller. »Drum wir dich armen Juda, dazu die Judenschar, nicht billig dürfen schelten, die Schuld ist unser gar«, reimte Martin Luther.

Zum Verrat sind wir alle fähig. Judas ist kein Sonderfall. Er ist unser aller Fall. Doch das Böse braucht einen Namen. Wir brauchen Judas, den Verräter schlechthin, damit wir uns selbst entlasten können.

»Als Judas, der ihn verraten hatte, sah, dass er zum Tode verurteilt war, reute es ihn, und er brachte die 30 Silberlinge den Hohenpriestern und Ältesten zurück und sprach: Ich habe Unrecht getan, dass ich unschuldiges Blut verraten habe.«

Judas bereut seine Tat. Den Tod seines Meisters hat er nicht gewollt. Da ist einer zutiefst entsetzt über das, was er angestellt hat, und er tut alles, was er tun kann, um seinen Verrat wiedergutzumachen.

Judas – einer von uns, auch in der Reue? Oder in der Reue uns voraus? Kurt Marti, der Berner Pfarrer und Dichter, formuliert: »schöner judas ... ach was war doch dein Einer verrat gegen die Vielen der christen der Kirchen die dich verfluchen? Ich denke dir nach und deiner tödlichen trauer die uns beschämt.«

Doch die Reue kommt zu spät. Die Autoritäten in Jerusalem reagieren eiskalt: »Was geht uns das an? Da sieh du zu! Und er warf die Silberlinge in den Tempel, ging fort und erhängte sich.« (Matthäus 27,3-5)

So erzählt es der Evangelist Matthäus. Der Verräter stirbt am gleichen Tag wie der von ihm Verratene: Jesus am Kreuz, Judas am Strick.

Schmort Judas seitdem in der Hölle, wie Christen es jahrhundertelang behauptet haben? Im französischen Vézelay, in Burgund, sieht man in der berühmten Basilika Sainte-Marie-Madeleine eine andere Darstellung: Dort nimmt Christus den Leichnam des erhängten Judas auf seine Schultern und trägt ihn wie der gute Hirte das verlorene Schaf.

# Karfreitag

Karfreitag ist ein stiller Feiertag. Die Geschäfte haben geschlossen, die Bundesliga hat Pause, öffentliche Tanzveranstaltungen sind gesetzlich verboten. Manche stören sich daran, wittern dahinter Privilegien der Kirche und veranstalten an diesem Tag ganz bewusst sogenannte »Heiden Spaß-Partys« mit Tanz und Livemusik. Was es nicht alles gibt!

Aber eigentlich ist Karfreitag ein stiller Feiertag. Denn »Kara«, das im Wort Karfreitag steckt, bedeutet im Althochdeutschen »Trauer« oder »Kummer«. Traurig und bekümmert führt sich die Christenheit an diesem Tag vor Augen, dass und wie Jesus Christus gestorben ist. Die Glocken läuten nicht, der Altar ist nicht geschmückt, die Kerzen werden gelöscht.

Warum das alles? Weil vor knapp 2.000 Jahren in Jerusalem ein junger Mann gekreuzigt worden ist. Man muss sich dabei klarmachen: Wir gedenken einer Hinrichtung. Im Mittelpunkt des christlichen Glaubens steht ein öffentlich Hingerichteter, ein Gekreuzigter. Das ist es, was den christlichen Glauben von allen anderen Religionen unterscheidet.

Buddha starb nach einem erfolgreichen Leben im hohen Alter von 80 Jahren an einer Lebensmittelvergiftung. Hoch angesehen und gefördert von Königen und Mächtigen seiner Zeit konnte er die Ausbreitung seiner Lehre noch erleben. Er starb friedlich im Kreis seiner Jünger.

Mohammed starb im Alter von 62 Jahren als erfolgreicher Feldherr und geistliches wie politisches Oberhaupt einer wachsenden

Gefolgschaft. Er starb in Medina in den Armen seiner achtzehnjährigen Lieblingsfrau Aisha, einer seiner 13 Frauen.

Jesus von Nazareth starb als noch jüngerer Mann nach einem erstaunlich kurzen Wirken von einem bis bestenfalls drei Jahren am 7. April des Jahres 30 in Jerusalem, hingerichtet als öffentlicher Unruhestifter am Kreuz. Nichts Vollendetes und Abgeklärtes, seinen Tod am Kreuz empfanden seine Anhänger als Katastrophe. Er starb nach den Berichten der Evangelien als Verachteter und Verfluchter: verraten und verleugnet von seinen Schülern, verspottet und verhöhnt vom Volk, verlassen von Gott und den Menschen. Das Letzte, was man von ihm hörte, war ein Schrei der Verzweiflung.

Wichtiger als dies, dass Jesus als Lehrer, als Prophet oder als Wundertäter wirkte, war den ersten Christen, dass er der Leidende, der Gekreuzigte, der Auferstandene war. Das unterscheidet ihn von allen sonstigen Religionsstiftern oder religiösen Gurus. Im Zentrum des christlichen Glaubens steht ein Gekreuzigter.

Nun fragen manche: Ist das denn noch zeitgemäß? Ist das nicht zu negativ? Erinnert das Kreuz nicht zu sehr an Sünde und Tod?

Erfolgsorientierung, Durchsetzungsfähigkeit und Effizienz – das ist zeitgemäß. Wir erleben einen Kult des Geldes und des Erfolgs, der Selbstdarstellung und des schönen Scheins. Kleidung, Wohnung, Essen, Autos und Bürogebäude, alles muss heute chic und hip sein. Von allen Seiten wird uns suggeriert: Gutes Leben sei das Ergebnis von Geld, Schönheit und positivem Denken.

Manchmal habe ich den Eindruck, dass dieses Denken längst auch in der Kirche angekommen ist. Bei vielen Andachten, die ich im Radio höre, höre ich etwas von Erlebnissen im Supermarkt, von guten Erfahrungen beim Fasten oder vom gemeinsamen Pilgern, aber kaum etwas von Sünde und Vergebung, von Schuld oder Erlösung. Jesus, Kreuz, Auferstehung – alles, was schwierig ist, fällt flach.

Wird das der Realität des Lebens gerecht? Wo bleibt das Kreuz?

Gerade das Kreuz zeigt besser als jedes andere Symbol die Lebensnähe, den Realismus des christlichen Glaubens. Das Christentum verdrängt nicht, dass die Welt grausam ist. Es nimmt ernst, dass es elende Zustände, sinnloses Leid, Kindesmissbrauch, Krieg und schlimme Gewalt gibt – und ruft dazu auf, alles zu tun, um dieses Leid zu beenden.

Das hat mit dem Kreuz zu tun. Das Kreuz Jesu symbolisiert die besondere Leidempfindlichkeit des christlichen Glaubens. Das Christentum ist keine Religion der Sieger.

Ein Gott am Kreuz ist der schärfste Einspruch gegen die Vergötzung von Erfolg und Macht, gegen die Phantasie vom makellosen und perfekten Menschen, der von allem Leid und Schmerz dieser Welt unberührt ist. Er ist der Gegenentwurf zu einer Weltordnung, in der es nur Gewinner und Verlierer, Sieger oder Versager gibt.

Am Karfreitag darf man daran erinnern, dass das Kreuz mit guten Gründen das Grundsymbol des christlichen Glaubens ist. Zum innersten Kern des christlichen Glaubens gehört die Überzeugung, dass Gott selbst Mensch geworden ist und bis hin zum Tod am Kreuz unser Menschsein geteilt und am eigenen Leib erfahren hat. Daraus folgt: Gott ist kein unbeteiligter Zuschauer menschlichen Lebens und Sterbens. Er kennt Leid und Tod aus eigener Erfahrung und steht dem Schicksal von Menschen nicht gleichgültig gegenüber. Im Leben und im Tod sind wir nicht von Gott verlassen – das ist der starke Trost, den der Kreuzestod Jesu vermitteln kann.

Im Zentrum des christlichen Glaubens steht ein Gekreuzigter. Das ist es, was den christlichen Glauben von allen anderen Religionen unterscheidet.

Caspar David Friedrich »Ostermorgen«, Öl auf Leinwand, 42,7 x 34,4 cm, um 1835, Privatbesitz

# Caspar David Friedrich »Ostermorgen«

»Und als der Sabbat vergangen war, kauften Maria von Magdala und Maria, die Mutter des Jakobus, und Salome wohlriechende Öle, um hinzugehen und ihn zu salben. Und sie gingen zum Grab am ersten Tag der Woche, sehr früh, als die Sonne aufging.« (Markus 16,1-2) Noch wissen sie nicht, was geschehen ist. »Wer wälzt uns den Stein von des Grabes Tür?« (Markus 16,3)

Ein ungewöhnliches Osterbild! Drei weibliche Gestalten in Rückenansicht unter einer blassen, kalten Morgensonne. Von österlicher Freude noch keine Spur. An den Zweigen der Bäume ist der Frühling noch kaum wahrzunehmen. Und doch leuchtet schon der ganze Himmel! Ostermorgen – ein Weg vom Dunkel ins Licht.

# Ein Osterausflug

*»Vom Eise befreit sind Strom und Bäche*
*durch des Frühlings holden, belebenden Blick,*
*im Tale grünet Hoffnungsglück;*
*der alte Winter, in seiner Schwäche*
*zog sich in raue Berge zurück …*
*Jeder sonnt sich heute so gern.*
*Sie feiern die Auferstehung des Herrn.«*

Goethes Faust macht einen Osterspaziergang. Kurz vorher wollte er seinem Leben noch ein Ende setzen. Doch dann ertönen Glockenklang und Chorgesang: »Christ ist erstanden.« Faust kommentiert: »Die Botschaft hör ich wohl. Allein mir fehlt der Glaube.«

200 Jahre später sind Millionen Menschen an Ostern ebenfalls unterwegs. In den Süden, in die Sonne, ins Grüne. Ostern – Zeit für einen Ausflug oder, wer es sich leisten kann, für einen Kurzurlaub.

Das Lukasevangelium erzählt von zwei Männern, die vom Osterausflug zurückkehren. Sie waren über die Feiertage in Jerusalem und sind nun auf dem Rückweg in ihr Dorf Emmaus, gut zehn Kilometer von Jerusalem entfernt. Sie hatten sich der Jesus-Bewegung angeschlossen und hatten in Jerusalem die Katastrophe erlebt: Jesus war am Kreuz gestorben.

Und damit waren auch die Hoffnungen erloschen, die sie mit Jesus verbunden hatten. »Wir aber hofften, er sei es, der Israel erlösen werde.« Enttäuscht und traurig kehren sie heim.

Da schließt sich ihnen ein offenbar ahnungsloser Fremder an. Er weiß scheinbar nicht, was in den letzten Tagen in Jerusalem geschehen ist. Die beiden sind dankbar, dass sie einen gefunden haben, dem sie alles noch einmal erzählen können. Auch von den Gerüchten, dass einige Frauen das Grab Jesu leer fanden. Doch »die Botschaft hör ich wohl, allein mir fehlt der Glaube«.

Der unbekannte Fremde nimmt den Faden auf und erzählt ihnen, was bei den Propheten über den unschuldig leidenden Messias geschrieben steht.

Hinterher sagen die beiden: »Brannte nicht unser Herz, als er mit uns redete auf dem Wege, als er uns die Schrift öffnete?«

Doch den unbekannten Mitwanderer erkennen sie erst, als sie abends zu Tische sitzen und miteinander essen. Da »nahm er das Brot, dankte, brach's und gab es ihnen. Da wurden ihre Augen geöffnet und sie erkannten ihn.«

Was hat den beiden Männern die Augen geöffnet? Es ist die Erinnerung! So hatte vorher schon einer mit ihnen zusammen gegessen: Er nahm, dankte, brach's und gab's weiter. Das war Jesus – und ihnen wird klar: Er ist wieder in unserer Mitte. Von ihm empfangen sie wieder das Brot. Er, der im Reich des Todes gewesen ist, ist lebendig unter ihnen.

Das ist Ostern! Jesus ist lebendig unter uns – auch wenn wir ihn nicht erkennen. Es sind nicht unsere Erinnerungen, die ihn lebendig machen. Sondern er ruft sich selbst in Erinnerung. Er sorgt dafür, dass er in unserem Leben in Erscheinung tritt.

So kann es auch uns geschehen, dass wir irgendwo, irgendwann klar und unmissverständlich erkennen: Wir sind angesprochen – von einer Macht, die größer ist als wir selbst.

Wie das geschehen kann? So, dass sich in einem Augenblick eine alte Erinnerung meldet. Oder dass mir eine Lebenswahrheit einleuchtend klar wird. In einem Gottesdienst. Bei einem Streitgespräch. Beim Lesen der Zeitung. Ein Bibelwort ist mit einem Male wieder im Bewusstsein. Das Beispiel eines überzeugten Christen steht mir plötzlich wieder vor Augen. Ein längst vergessenes Lied erklingt wieder in unseren Ohren. Eine sanfte oder strenge Stimme ruft uns beim Namen. Und auf einmal spüren wir, dass wir nicht mit uns selbst allein sind.

»Da wurden ihre Augen geöffnet und sie erkannten ihn. Und er verschwand vor ihren Augen.«

Doch wir können diese Augenblicke der Gnade nicht festhalten. Wir können den auferweckten Jesus nicht herbeizwingen. Er kommt nicht auf Wunsch, auch nicht in die Kirche. Aber er begegnet uns: irgendwo, irgendwann, auf unserem Weg. Wie damals auf dem Weg nach Emmaus.

# Ostern – das Leben geht weiter

»Es waren beieinander Simon Petrus und Thomas, der Zwilling genannt wird, und Nathanael aus Kana in Galiläa und die Söhne des Zebedäus und zwei andere seiner Jünger. Spricht Simon Petrus zu ihnen: Ich will fischen gehen. Sie sprechen zu ihm: So wollen wir mit dir gehen. Sie gingen hinaus und stiegen in das Boot, und in dieser Nacht fingen sie nichts.« (Johannes 21,2-3)

So ist das, wenn Jesus tot ist. Die Jünger leben weiter. Egal, wie es in ihnen aussehen mag. Sie brauchen etwas zu essen. Sie müssen wieder arbeiten gehen. »Ich gehe fischen«, sagt Petrus. Und ein kläglicher Rest von sieben Mann, alles was von der Jesusbewegung übrig geblieben war, sie sagen: »Wir gehen mit dir.«

Beim Fischen waren sie, als Jesus in ihr Leben trat. Jetzt machen sie da weiter, wo sie damals aufgehört hatten. Die Zeit mit Jesus, sie war wohl nur das vorübergehende Aufflackern einer großen Hoffnung.

Petrus und die sechs anderen sind das Bild einer Kirche, die von ihren Erinnerungen lebt. Erinnerungen an Jesus, an die Reformation, an die Bekennende Kirche. Das ist die Kirche, die es heute nur zu oft gibt: Eine müde Gemeinde von älteren Leuten am Sonntag, versammelt in einem schlichten Kirchbau, nichts Mitreißendes, und nach einer Stunde trottet man wieder nach Hause. Das hat einmal eine große Zeit gehabt, jetzt aber ist Jesus nur noch eine Erinnerung. Das ist die Nacht, in der man nichts fängt.

»Als es aber schon Morgen war, stand Jesus am Ufer, aber die Jünger wussten nicht, dass es Jesus war. Spricht Jesus zu ihnen:

Kinder habt ihr nichts zu essen? Sie antworten ihm: Nein! Er aber spricht zu ihnen: Werft das Netz aus zur Rechten des Bootes, so werdet ihr einen guten Fang machen. Da warfen sie es aus, und vor lauter Fischen vermochten sie es nicht mehr einzuziehen.« (Johannes 21,4-6)

Während die Jünger noch betrübt im Boot sitzen, ist Jesus längst da. Das ist Ostern, die große Überraschung, mit der niemand gerechnet hat. Nicht wir machen Jesus lebendig, sondern er macht uns lebendig.

Am Anfang der Kirche steht nicht der Entschluss der Jesus-Anhänger, einen christlichen Verein zu gründen. »Ohne mich könnt ihr nichts tun«, sagt Jesus im Johannesevangelium. Das Christentum hängt am auferstandenen Christus. »Ist Christus nicht auferstanden«, sagt Paulus, »so ist unser ganzer Kirchenbetrieb für die Katz«, dann hat das alles auch keinen Wert als Trost und Poesie für den Alltag.

In einer Zeit, in der Finanz- und Strukturfragen die Debatten in der Kirche bestimmen, empfinde ich die Ostergeschichte vom See Tiberias als enorm heilsam und tröstlich. Erinnerungen sind es nicht, die die Kirche am Leben halten: an die fetten Jahre, die hinter uns liegen; an die vielen Kirchenbauten der 50er- und 60er-Jahre; an vergangene Kirchentage und vollen Kirchen. Der Kirchenbetrieb mit seinen Sitzungen und Ausschüssen ist es auch nicht, der die Kirche lebendig macht. Der Auferstandene ist längst woanders, er ist uns längst voraus.

»Als sie nun an Land kamen, sahen sie ein Kohlenfeuer am Boden und Fisch darauf liegen und Brot. Jesus sagt zu ihnen: Bringt von den Fischen, die ihr gerade gefangen habt.« (Johannes 20,9-10)

Nicht mit Ermahnungen empfängt Jesus die Jünger am Ufer, sondern mit der Einladung zum Essen. Alles ist schon bereitet. Jesus ist schon am Werk. Nicht wir halten die Kirche am Laufen, sondern der Auferstandene selbst sorgt dafür, dass seine Geschichte weitergeht. Er sagt: »Kommt, lasst uns frühstücken!« Das hört sich an, als ginge hinter den Hügeln die Sonne auf.

Ostern ist vorbei, der Alltag ist zurück. Was bleibt von Ostern? Christen galten früher als Menschen, die eine Hoffnung haben. In der antiken Welt, die keine Hoffnung über den Tod hinaus kannte, war das Christentum eine regelrechte Hoffnungsexplosion. Das hat mit Ostern zu tun. Denn seitdem wissen wir, dass wir in unserem Leben keinem blinden Schicksal ausgeliefert sind, sondern es mit einem Gott zu tun haben, der es gut mit uns meint. Oder mit den Worten des Theologen Karl Barth: »Wer die Osterbotschaft gehört hat, der kann nicht mehr mit tragischem Gesicht umherlaufen und die humorlose Existenz eines Menschen führen, der keine Hoffnung hat.«

Caspar David Friedrich »Dorflandschaft bei Morgenbeleuchtung«, Öl auf Leinwand, 55 x 71 cm, 1822, Alte Nationalgalerie/Staatliche Museen zu Berlin, Berlin

# Caspar David Friedrich »Dorflandschaft bei Morgenbeleuchtung«

Im Zentrum des Bildes »Dorflandschaft bei Morgenbeleuchtung« (1822) steht ein einsamer Baum: eine alte, knorrige Eiche. An einem Tümpel stehend, bietet sie einem Schäfer Schutz, dessen Herde sich grasend über das Grün der Aue verteilt hat. Der mächtige Stamm der Eiche hat Wind und Wetter standgehalten, die Äste an der Spitze des Baumriesen jedoch sind abgestorben. Über der Eiche haben sich kuppelartig Wolken formiert, die in die oberen Äste des Baumes hineinzugreifen scheinen.

Wie so oft bei Caspar David Friedrich erscheint der Mensch verschwindend klein in der von Gott geschaffenen Natur. Der Schäfer ist winzig im Verhältnis zur Größe des Baumes, die Gehöfte haben sich tief in die Erde geduckt, vom Dorf links sieht man nur den aufsteigenden Rauch. Die Baum- und Landschaftsbilder Friedrichs haben eine religiöse Dimension. Die Landschaft wird zum Ort, um das Gefühl von Religion – »als Sinn und Geschmack für das Unendliche« (Schleiermacher) – zum Ausdruck zu bringen.

# 25. April – Tag des Baumes

Als der 1951 von den Vereinten Nationen beschlossene »Tag des Baumes« am 25.04.1952 zum ersten Mal in der Bundesrepublik Deutschland begangen wurde, ging es vor allem darum, durch große Baumpflanzaktionen Waldverluste auszugleichen. Nach dem Krieg hatten die Alliierten zehnmal mehr Holz in den deutschen Wäldern als Reparationsleistung eingeschlagen, als nachwachsen konnte. Auch die anhaltende Kohlekrise sorgte für große Kahlschläge. Da die zugeteilte Menge von 15 Zentnern Kohle je Haushalt und Jahr nicht ausreichte, zogen in den frühen 50er-Jahren viele mit der Axt in den Wald, um Brennholz zu gewinnen.

Heute weist der Tag des Baumes auf die akute Gefährdung durch die Folgen des Klimawandels hin. Durch die immer häufiger auftretenden Trockenheitsperioden und durch die rasante Verbreitung schädlicher Insekten sind insbesondere Fichten und Kiefern akut bedroht.

Deutschland ist eines der waldreichsten Länder Europas. Rund ein Drittel der Landesfläche ist mit Wald bedeckt. Auf jeden Menschen kommen hier grob geschätzt etwa 1.000 Bäume. Doch rund 80 Prozent davon sind krank. Nur jeder fünfte Baum bildet nach den letzten Waldzustandsberichten der Bundesregierung noch eine gesunde Krone. Die Zahlen sind alarmierend. Weg von den Fichten-Monokulturen, hin zu naturnahen Mischwäldern, lautet die Devise und es wird mit neuen, möglichst dürreresistenten Baumarten experimentiert.

Der Tag des Baumes will auch daran erinnern, dass Bäume lebensnotwendig sind. Sie regulieren den Wasserhaushalt der Natur und sichern unsere Trinkwasserversorgung. Sie binden Kohlendioxid und liefern den Sauerstoff, den wir atmen. Sie filtern Staub und Schadstoffe und schützen den Menschen vor Lärm und sengender Sonne. Ohne Bäume könnten wir nicht leben. Und Bäume geben unzähligen Pflanzen und Tieren Nahrung und Heimat.

In früheren Zeiten lebten auch die Menschen von den Bäumen und ihren Früchten. Der Wald machte satt. Er sicherte Arbeitsplätze und war zugleich eine unerschöpfliche Rohstoffquelle: Holz für die Tischler und Zimmerleute, Holzkohle für die Schmiede, Lohrinde für die Gerber, Pech und Teer für die Schiffsbauer und Dachdecker. Das Holz der Bäume lieferte allen die Energie zum Kochen und Heizen.

Und Bäume sind nicht nur nützlich, sie sind auch schön. Was ist die Architektur eines aufwändigen Bürogebäudes gegen die Kunstfertigkeit und Schönheit eines einzigen Baumes? Wenn der Wind mit den Blättern spielt, das Sonnenlicht ihn aufleuchten lässt, wenn der Mond seine Silhouette versilbert, der Regen sein Laub wäscht und glänzend macht … Eine Inuit-Frau aus Grönland erzählte, als sie als Jugendliche zum ersten Mal in Dänemark einen Baum gesehen habe, sei sie in Tränen ausgebrochen.

An den Bäumen erleben wir den Kreislauf des Jahres. Sie beruhigen und tun dem Auge gut. »Wer möchte leben ohne den Trost der Bäume?«, fragt der Dichter Günter Eich. Ja, wer? Bäume sind Symbole des Lebens. Sie können ein höheres Alter erreichen als jedes andere Lebewesen. Grannenkiefern kommen auf 4.000 Jahre und mehr, eine Eiche kann 1.000 Jahre alt werden. Alte Bäume erinnern an Menschen, die vor uns gelebt haben, und an Ereignisse, die lange zurückliegen. »Bäume sind die einzigen Lebewesen, die wie die Menschen in erkennbarer Weise altern und dabei über lange

Zeiträume die Jahre zählen. Ihre Jahresringe sind ein eingebauter Kalender« (Alexander Demandt), in dem die Geschichte des Baumes zu lesen ist: Dürre und üppige Jahre, Krankheiten und überstandene Stürme.

Bäume gleichen den Menschen. Sie behaupten sich auf jedem Boden, trotzen Wind und Wetter, kämpfen um ihr Leben und streben weiter in die Höhe. Bäume kommunizieren miteinander, warnen sich vor Schädlingen, tauschen Nährstoffe aus und leisten Nachbarschaftshilfe. Wie Menschen entwickeln Bäume mit der Zeit einen eigenen Charakter. Gerade alte Eichen, Linden oder Buchen sind oft Individuen mit einer eigenen Geschichte.

In der Bibel wird der Baum zum Symbol des Menschen, der in seinem Leben auf Gott vertraut und darin Kraft findet, den Stürmen des Lebens zu widerstehen: »Gesegnet ist der Mann, der sich auf den Herrn verlässt und dessen Zuversicht der Herr ist. Der ist wie ein Baum, am Wasser gepflanzt, der seine Wurzeln zum Bach hin streckt. Denn obgleich die Hitze kommt, fürchtet er sich doch nicht, sondern seine Blätter bleiben grün; und er sorgt sich nicht, wenn ein Dürrejahr kommt, sondern bringt ohne Aufhören Früchte.« (Jeremia 17,7-8)

Ein schönes Bild, ein wahres Bild! Nur der Baum, dessen Wurzeln bis zum Wasser reichen, kann wachsen und gedeihen. Auch wir Menschen brauchen die Verbindung zu dem, von dem alles Leben kommt: dem Grund, der unserem Leben halt gibt; der Kraft, die uns auch die Risse und Sprünge im Leben überwinden lässt; der Quelle, aus der uns zufließt, was wir nicht selber besorgen können.

Reichen unsere Wurzeln so tief, so haben wir auch die Kraft, nicht nur für uns selbst, sondern auch für andere zu leben. Wie ein Baum, der Schatten spendet, den Regen sammelt, Blüten und Früchte hervorbringt und Tieren und Pflanzen Schutz und Lebensraum bietet.

# Der 1. Mai – Tag der Arbeit

Die Gewerkschaften feiern den 1. Mai als Tag der Arbeit. In allen großen Städten finden Kundgebungen statt. Doch es ist nur noch eine Minderheit, die aktiv daran teilnimmt. Der 1. Mai ist vor allem ein Feiertag im Frühling, die Temperaturen steigen an, alles wird grün – und man kann es niemandem verdenken, der an diesem Tage raus will in die Natur.

Doch es wäre schade, wenn wir vergessen würden, mit welchem Einsatz und mit wie vielen Opfern Menschen vor uns Arbeitnehmerrechte erkämpft haben, von denen wir heute ganz selbstverständlich profitieren.

Der Zwölf-Stunden-Arbeitstag war im 19. Jahrhundert die Regel. Meist sieben Tage die Woche, der freie Sonntag setzte sich erst um 1900 durch. Nur wenige Betriebe gewährten einige Tage Urlaub, einen Urlaubsanspruch für alle gab es noch nicht. Von den Löhnen allein konnten Arbeiterfamilien in der Regel nicht leben. Sie waren darauf angewiesen, dass Frau und Kinder mitarbeiteten. Kinderarbeit war in der Industrie und vor allem in der Landwirtschaft weit verbreitet. Bei Unfall, Krankheit oder Tod des Haupternährers drohte rasch die Verelendung der ganzen Familie.

Diese Zustände gehören Gott sei Dank der Vergangenheit an – zumindest in Deutschland. Es waren nicht die Regierungen, es war nicht die Wirtschaft, es waren die Arbeiter selbst, die ihre Rechte durchsetzen mussten. »Der beste Arbeiterschutz sind die Arbeiter selbst, wenn sie einmütig zusammenstehen im Kampf gegen den Kapitalismus«, heißt es schon 1900 in einem Polizeibericht. Doch

Gewerkschaften wurden anfangs immer wieder behindert, zeitweise verboten und erst 1892 wirklich zugelassen.

Am 1. Mai 1890 demonstrierten zum ersten Mal Arbeiter überall auf der Welt für die Einführung des Acht-Stunden-Tags. Trotz drohender Sanktionen beteiligten sich auch in Deutschland 100.000 Arbeiterinnen und Arbeiter an Streiks, Demonstrationen und sogenannten »Maispaziergängen«. Der 1. Mai als »Tag der Arbeit« war geboren.

Heute gibt es verbriefte Arbeitnehmerrechte für jeden. Niemand muss mehr als 40 Stunden arbeiten. Viele können heute Teile dieser Arbeitszeit auch zu Hause im Home Office verbringen. Jeder hat dabei Anspruch auf vereinbarte Ruhe- und Erholungspausen. Für die meisten ist der Sonntag und auch der Samstag arbeitsfrei. Wer an diesen Tagen arbeiten muss, bekommt einen Freizeitausgleich und oft auch mehr Geld. Es gibt einen geregelten Urlaubsanspruch. Es gibt Mutterschutz und Elternzeit, Arbeitslosen- und Krankenversicherung, Kündigungsschutz und Betriebliche Mitbestimmung. Alles Errungenschaften, von denen Menschen vor 100 oder 150 Jahren nur träumen konnten.

Dennoch gibt es im Arbeitsleben immer noch und auch immer wieder Entwicklungen, gegen die nicht nur die Gewerkschaften am 1. Mai zu Recht demonstrieren: Wenn die Lebenshaltungskosten stärker steigen als die Arbeitslöhne und die Gefahr besteht, dass viele Menschen von ihrer Arbeit nicht mehr leben können. Wenn Frauen für die gleiche Arbeit einen geringeren Lohn erhalten als Männer. Wenn ausländische Arbeitnehmerinnen und Arbeitnehmer in der Fleischindustrie, im Baugewerbe, in den Reinigungsbetrieben oder in der Landwirtschaft zu unwürdigen Bedingungen beschäftigt werden. Wenn Menschen ihren Arbeitsplatz verlieren, weil Firmen pleitegehen oder ihre Produktion ins Ausland verlagern. Wenn die soziale Ungleichheit in einem Land immer größer wird und den sozialen Frieden gefährdet.

Arbeit prägt das Leben. Niemand ist glücklich, wenn er oder sie die Arbeit verliert. Doch zugleich ist Arbeit nicht alles im Leben. Der Mensch lebt nicht nur von seiner Arbeit: »Sechs Tage in der Woche darfst du arbeiten und alle deine Werke tun. Aber der siebte Tag ist der Ruhetag. Er gehört dem Herrn, deinem Gott. Da sollst du keine Arbeit tun, weder du selbst noch dein Sohn, deine Tochter, dein Knecht, deine Magd, dein Rind, dein Esel … und auch nicht der Fremde in deiner Stadt … Denk dran, du warst einmal ein Sklave im Land Ägypten. Aber der Herr, dein Gott, hat dich von dort herausgeführt mit starker Hand.« (5 Mose 5,13-15) So heißt es im dritten Gebot!

Arbeit – ja! Aber sie darf das Leben nicht versklaven. So haben es die Israeliten in Ägypten erfahren. »Macht den Leuten die Arbeit schwer, damit sie zu tun haben. Dann haben sie keine Zeit mehr für leeres Geschwätz«, weist der Pharao seine Sklaventreiber an. So hätte auch mancher Kapitalist in früheren Zeiten sprechen können. Doch Gott befreit das Volk aus der Fronarbeit. Ausbeutung und Sklavenarbeit, in welchen Formen auch immer, sind mit Gott nicht zu rechtfertigen. Nie! »Sechs Tage darfst du arbeiten, aber am siebten Tag sollst du aufhören.« Seitdem bestimmt der Rhythmus von Arbeit und Ruhe die jüdisch-christliche Kultur. Der regelmäßige Ruhetag widersetzt sich dem Diktat der Ökonomie, nach der sich die Arbeitszeit in eine Art Verfügbarkeit rund um die Uhr entwickeln soll. Das wäre Sklavenarbeit im neuen Gewande. Es muss neben der Arbeit auch noch Zeit für die Familie, für den Garten, für den Sport und auch für den Gottesdienst geben. Darin sind sich Kirchen, Gewerkschaften und Gott sei Dank auch das Bundesverfassungsgericht einig.

# Der 8. Mai – Tag der Befreiung

Am 8. Mai 1945 endete in Europa der Zweite Weltkrieg. In Großbritannien, in den Niederlanden, in Frankreich, in Norwegen, in Dänemark und in vielen anderen Ländern gingen die Menschen auf die Straße und feierten ausgelassen das Ende des Krieges.

Allein in Europa waren in diesem Krieg 50 Millionen Menschen getötet worden. Weite Teile und viele Städte des Kontinents waren verwüstet. Das Ausmaß der Zerstörungen in Deutschland war unvorstellbar, viele Menschen hausten in Notunterkünften. Die Sorge ums eigene Überleben und um das Schicksal der Familienangehörigen stand für die meisten Deutschen im Vordergrund. Mehr als 10 Millionen deutsche Soldaten befanden sich bei Kriegsende in alliierter Gefangenschaft. Besonders schwierig war die Lage für die 12 Millionen Menschen, die aus den deutschen Ostgebieten geflohen waren oder nach Kriegsende vertrieben wurden. Mit dem Wenigen, was sie hatten mitnehmen können, mussten sie sich eine neue Existenz aufbauen.

Zwar waren über Nacht alle Hitlerbilder und Parteiuniformen verschwunden, Hakenkreuzfahnen verbrannt, Orden vergraben und Akten vernichtet. »Jeder rückt jetzt von Adolf ab, und keiner ist dabei gewesen. Jeder wurde verfolgt, und keiner hat denunziert«, schrieb eine junge Berlinerin im Mai 1945 in ihr Tagebuch. Die meisten Deutschen empfanden sich nicht als Mittäter, sondern als Opfer des Krieges, der Bombenangriffe, der Vertreibung. In dieser Situation war es schwierig, von Schuld oder Verantwortung zu sprechen.

Das bekam die Evangelische Kirche zu spüren, als sie im Oktober 1945 im Stuttgarter Schuldbekenntnis bekannte: »Mit großem Schmerz sagen wir: Durch uns ist unendliches Leid über viele Völker und Länder gebracht worden … Wohl haben wir lange Jahre hindurch im Namen Jesu Christi gegen den Geist gekämpft, der im nationalsozialistischen Gewaltregiment seinen furchtbaren Ausdruck gefunden hat; aber wir klagen uns an, dass wir nicht mutiger bekannt, nicht treuer gebetet, nicht fröhlicher geglaubt und nicht brennender geliebt haben.« Aus heutiger Sicht war das ein unvollständiges Schuldbekenntnis: Kein Wort zum Mord an den Juden, kein Wort zum Elend der Zwangsarbeiter und auch kein Wort zur Unterstützung von Hitlers Krieg durch Kanzelaufrufe und Dankgottesdienste. Und doch brach ein Sturm der Entrüstung und Empörung über die Evangelische Kirche herein. Sie habe kein Recht, von einer Kollektivschuld des deutschen Volkes zu sprechen. Überall habe es persönliche Opposition gegeben. Und außerdem hätten die Siegermächte des Ersten Weltkrieges durch den Frieden von Versailles 1919 Hitler erst möglich gemacht.

Es verwundert daher nicht, dass die Hälfte aller Deutschen nach Umfragen der Alliierten noch Jahre nach dem Krieg die Auffassung vertraten, der Nationalsozialismus sei »grundsätzlich eine gute Idee« gewesen, er sei nur »schlecht ausgeführt« worden.

In vielen Familien war die »Nazi-Zeit« noch jahrelang ein Tabu-Thema. Väter und Großväter sprachen nicht über ihre Kriegserlebnisse, in den Schulen endete der Geschichtsunterricht mit dem Ersten Weltkrieg und die Widerständler des 20. Juli galten weithin als Vaterlandsverräter. Es dauerte fast 15 Jahre, bis die Deutschen bereit waren, sich mit den nationalsozialistischen Verbrechen und auch mit der eigenen Vergangenheit auseinanderzusetzen.

Dabei spielte aber der 8. Mai in der Öffentlichkeit keine große Rolle. In den ehemals von Deutschen besetzten Ländern wurde er als Feiertag begangen, in Deutschland hieß es: »Man feiert keine Niederlage!«

Es war der Bundespräsident Richard von Weizsäcker, der am 40. Jahrestag mit einer großen Rede im Bundestag eine neue Sicht auf das Kriegsende einleitete:

»Der 8. Mai war ein Tag der Befreiung. Er hat uns alle befreit von dem menschenverachtenden System der nationalsozialistischen Gewaltherrschaft. Niemand wird um dieser Befreiung willen vergessen, welche schweren Leiden für viele Menschen mit dem 8. Mai erst begannen und darauf folgten. Aber wir dürfen nicht im Ende des Krieges die Ursache für Flucht, Vertreibung und Unfreiheit sehen. Sie liegt vielmehr in seinem Anfang und im Beginn jener Gewaltherrschaft, die zum Krieg führte. Wir dürfen den 8. Mai 1945 nicht vom 30. Januar 1933 trennen.«

Der 8. Mai 1945 war ein Tag der Befreiung! Diese Sicht auf das Kriegsende hat sich seit Weizsäckers mutiger Rede durchgesetzt.

Inzwischen leben nur noch wenige, die den Krieg als Erwachsene erlebt haben. Die Zeitzeugen sterben aus. Nicht ausgestorben ist der Rechtsextremismus, der Hitlers Weg an die Macht ermöglichte: der Hass auf das Fremde, die Bereitschaft zur Gewalt, die Verachtung der Demokratie. Der Rechtsextremismus ist nach Einschätzung des Innenministeriums zur größten Bedrohung für die innere Sicherheit geworden. Rechtsextreme Parteien gewinnen wieder Zulauf! Das hätte man doch nicht für möglich gehalten!

Der 8. Mai ist in Deutschland kein Feiertag, aber er ist ein Tag des Gedenkens: an die Opfer der nationalsozialistischen Gewaltherrschaft in ganz Europa. Und er ist eine Mahnung: die Demokratie, die wir inzwischen gelernt haben, gegen alle Feinde der Demokratie zu verteidigen.

# Bundesliga – Finale

Ende Mai beschäftigt sehr viele Menschen vor allem ein Thema: Wer wird Deutscher Meister? Im Fußball versteht sich. Wer muss absteigen? Wer steigt auf? Wer muss in die Relegation?

Das Bundesliga-Finale ist meist hochspannend, ist Gesprächsthema am Arbeitsplatz und Diskussionspunkt in den sozialen Medien. König Fußball regiert im Mai und Juni in der Öffentlichkeit. Zum Bundesliga-Finale kommen in diesen Wochen noch das Pokal-Finale, die Champions-League und alle zwei Jahre im Frühsommer noch die Welt- oder Europameisterschaften hinzu.

Warum so ein Rummel um ein kleines rundes Leder? Fußball bewegt Millionen, Fußballübertragungen haben die höchsten Einschaltquoten. Fußball ist der populärste Sport der Welt. Das Endspiel um eine Fußballweltmeisterschaft verfolgen mehr als eine Milliarde Menschen auf dem ganzen Globus. Fußball ist offenbar mit Vernunft allein nicht zu begreifen. Aber worum geht es dabei denn nun?

Der legendäre Bundestrainer Sepp Herberger fragte Studenten einer Sporthochschule: »Warum gehen Sie zum Fußballspiel?« Stottern, Verlegenheit … Herbergers Antwort: »Weil Sie net wisse, wie's ausgeht!« Besser kann man es nicht sagen.

Mit das Wichtigste an einem Fußballspiel ist die Spannung. Der Ausgang eines Spiels ist beim Anpfiff noch vollkommen offen. Auch klare Favoriten können verlieren – eine rote Karte, ein unglückliches Eigentor, eine zweifelhafte Elfmeterentscheidung und das Spiel kann einen ganz anderen Verlauf nehmen.

In den 90 Minuten kann ich Dinge erleben, die in meiner sonst so abgesicherten Alltagswelt kaum noch vorkommen. Ich sehe Einsatzbereitschaft bis zur körperlichen Erschöpfung. Ich spüre Leidenschaft und erlebe Gefühle wie kaum woanders: Wutausbrüche und Freudentränen, wildfremde Menschen, die einander umarmen, und Tränen der Enttäuschung. Ein gutes Fußballspiel – das ist Dramatik pur!

Und die, die Spiele in den Stadien oder vor dem Fernseher verfolgen, sie sind ja nicht nur Zuschauer. Unter ihnen sind unzählige verhinderte Profis oder Bundestrainer, die schon über die Aufstellung meckern, die Auswechslungen nicht verstehen und alles besser wissen. Sie hätten den Freistoß natürlich ins Eck gezimmert und den gegnerischen Stürmer mit einer Grätsche fair gestoppt. Sie hätten längst Elfmeter gepfiffen und rote Karten verteilt. Von Fußball verstehen alle etwas: Fußball und das Wetter sind die einzigen Themen, über die sich (fast) alle mit (fast) allen unterhalten können.

Fußball ist voller Mythen – man denke nur an das »Wunder von Bern«. Herausragende Spieler und inzwischen auch Spielerinnen sind nicht nur Medienstars, sondern auch verehrte Idole, deren Trikots, Schuhe oder Autogramme wie Reliquien gehandelt werden. Den Schuh von Helmut Rahn, die Mütze von Helmut Schön oder das Trikot von Alexandra Popp kann man im im Deutschen Fußballmuseum in Dortmund besichtigen.

Für nicht wenige ist der Fußball heute zu einem Religionsersatz geworden. Und tatsächlich gibt es so etwas wie eine Liturgie in den Stadien: Die Mannschaften marschieren zur Musik aufs Spielfeld, alle singen die Vereinshymne, schwenken ihre Fahnen, präsentieren ihre Schals in den Farben der Vereine und zeigen besondere Choreografien auf den Rängen. Viele Spieler bekreuzigen sich beim Betreten des Rasens, andere heben die Arme zum Himmel oder küssen ein Amulett, klatschen sich ab. Tore werden mit eingeübten Posen gefeiert.

Doch Fußball taugt in Wahrheit nicht als Religion. Im Mittelpunkt steht nicht die Nächstenliebe, Fußball ist ein Kampfsport. Wer schon einmal bei einem Bundesligaspiel oder gar bei einem Derby dabei war, war vermutlich auch erschrocken über die Hassgesänge, über das Gebrüll, über die Aggressionen nicht nur unter den Zuschauern. Und bei Niederlagen lassen Fans ihre Wut auch schon mal an Autos, an Zugabteilen oder an den Anhängern des Gegners ab.

Fußball trägt nicht immer zum Frieden bei und verteidigt nicht immer die Menschenwürde. Spieler werden in einer Art »Menschenhandel« für Millionen gekauft und wieder verkauft, Welt- und Europameisterschaften aufgrund skandalöser Zahlungen an Meistbietende vergeben.

»Fußball ist unser Leben«, singen die Fans. Doch wenn es ernst wird im Leben, kann einem der Fußball nicht helfen. Er kann im Unglück nicht trösten, kann keinen inneren Frieden schenken, angesichts des Todes keine Hoffnung geben. Fußball vermittelt keinen Lebenssinn und kann keinen auffangen, der ganz unten angelangt ist, wie das Beispiel mancher Fußballer selbst zeigt. Fußballvereine unterhalten keine Diakoniestationen, keine Anlaufstellen bei Kummer und Einsamkeit.

Fußball sollte im Leben nicht die Hauptsache sein, sollte Nebensache bleiben, »die schönste Nebensache der Welt«, wie es heißt. Ende Mai, Anfang Juni ist meist alles entschieden: Meisterschaft, Abstieg, Aufstieg und auch der Pokal. Danach kommt die schreckliche, die Fußball-lose Zeit. Und spätestens im August fiebert alles schon wieder der neuen Bundesligasaison entgegen.

# Barmen 1934

»Dass man plötzlich eine gemeinsame Sprache gefunden hat und gemeinsam in großer Glaubensgewissheit dieses Bekenntnis gesprochen hat, das war wie ein Wunder vor unseren Augen.« So haben 1934 die Synodalen und viele von denen, die die Barmer Synode mit ihren Gebeten und Hoffnungen begleitet haben, die Einstimmigkeit und Eindeutigkeit empfunden, mit der die Versammlung am 31. Mai 1934 ihre Beschlüsse verabschiedete. Als sie anreisten, wussten die Synodalen noch gar nicht, was sie beschließen sollten. Man hätte erwarten dürfen, dass die Sache schiefgeht. Doch es kam anders. Ein Pfingstwunder gut eine Woche nach dem damaligen Pfingstfest.

In den ersten Monaten des Jahres 1934 formierte sich die kirchliche Opposition gegen die von Reichsbischof Ludwig Müller betriebene Gleichschaltung der Evangelischen Kirche und gegen die »Deutschen Christen«. Letztere erklärten die Geschichte der Deutschen und Adolf Hitler zur Offenbarung Gottes. Sie hatten mit nationalsozialistischer Unterstützung bei den allgemeinen Kirchenwahlen 70 Prozent der Stimmen bekommen und waren drauf und dran, die Evangelische Kirche nach dem »Führerprinzip« zu organisieren.

Im März 1934 schlossen sich der von Martin Niemöller gegründete Pfarrernotbund, die freien Synoden, in denen die »Deutschen Christen« keine Mehrheit hatten, Hannover, Bayern, Württemberg und Westfalen zu einer Bekenntnisgemeinschaft zusammen. Im April trafen sich 5.000 Evangelische im Ulmer Münster zu einem Bekenntnisgottesdienst, bei dem sich die versammelten

Christen zur »rechtmäßigen Evangelischen Kirche Deutschlands« erklärten.

Was dieser Anspruch, der von den »Deutschen Christen« als Kriegserklärung aufgefasst wurde, theologisch und rechtlich tatsächlich bedeutete, sollte auf einer gemeinsamen Bekenntnissynode geklärt werden. Zur Vorbereitung setzte man einen kleinen Ausschuss ein, dem der lutherische Pfarrer Hans Asmussen aus Altona, der lutherische Oberkirchenrat Thomas Breit aus München und der reformierte Theologieprofessor Karl Barth aus Bonn angehörten. Man traf sich in Frankfurt am Main. Über dieses Treffen hat Barth später gewitzelt: »Die lutherische Kirche hat geschlafen und die reformierte Kirche hat gewacht.« In der Tat hatte Karl Barth bei einer Tasse Kaffee während des Mittagsschlafes von Asmussen und Breit den Entwurf für eine »Theologische Erklärung zur gegenwärtigen Lage der Deutschen Evangelischen Kirche« ausgearbeitet, der dann gemeinsam redigiert wurde.

Auf Einladung des westfälischen Präses Karl Koch fand dann die geplante Bekenntnissynode vom 29. - 31. Mai in Wuppertal-Barmen statt. In der reformierten Gemarker Kirche versammelten sich 138 Synodale. Das Durchschnittsalter war mit 45 Jahren relativ jung, die Zahl der aktiven Gemeindepfarrer vergleichsweise groß, allerdings nahm mit Stephanie Mackensen vom Astfeld nur eine Frau an der Versammlung teil. Alle einte die Sorge um die Kirche und ihr Bekenntnis, ansonsten brachten sie sehr unterschiedliche politische Vorstellungen mit. Eine Mehrheit war nationalkonservativ eingestellt, einige waren Mitglieder der NSDAP.

Nach einem einleitenden Abendgottesdienst am 29. Mai folgten am nächsten Tag intensive Beratungen in Ausschüssen und im Plenum. Die Opposition vor allem von lutherischer Seite war massiv und an eine Verständigung zwischen den verschiedenen konfessionellen Gruppen glaubte auch die Geheime Staatspolizei nicht. Deshalb sah sie von einem Verbot oder einer Polizeiaktion ab, weil dadurch »die Einigung der Bekenntnisfront« nur gefördert würde.

Es wurde intensiv und hart verhandelt. Schließlich formulierten die Laienvertreter einen dramatischen Appell, eine gemeinsame Erklärung nicht an der »Überspitzung theologischer Formulierungen« scheitern zu lassen. Erst um 5 Uhr morgens konnte dann Hans Asmussen dem Oberprimaner Karl Immer, dem Sohn des gastgebenden Pfarrers, den beschlossenen Text zum Abtippen und zur Vervielfältigung übergeben.

Am Vormittag des 31. Mai lag die aus 6 Thesen bestehende »Theologische Erklärung zur gegenwärtigen Lage der deutschen Evangelischen Kirche« allen Synodalen vor. Sie wurde als christliches, biblisch-reformatorisches Zeugnis einstimmig angenommen. Daraufhin erhoben sich die Synodalen und sangen »Lob, Ehr und Preis sei Gott« (EG 321,3).

Diese Barmer Theologische Erklärung gab der »Bekennenden Kirche« ihr Fundament und ihre Richtung. Die erste These bildet die Grundlage aller fünf weiteren: »Jesus Christus, wie er uns in der Heiligen Schrift bezeugt wird, ist das eine Wort Gottes, das wir zu hören, dem wir im Leben und im Sterben zu vertrauen und zu gehorchen haben.« Damit wurde unmissverständlich die Unvereinbarkeit von christlichem Glauben und nationalsozialistischer Weltanschauung festgestellt.

Bis heute bilden die sechs Thesen der Barmer Theologischen Erklärung einen verlässlichen Kompass für das Leben von Christen und für die Arbeit der Kirche. Im Nachhinein hat man bedauert, dass die Barmer Synodalen 1934 kein ausdrückliches Wort zugunsten der verfolgten Menschen jüdischer Herkunft gefunden haben. Vermutlich hätte ein solches Wort aber kaum die Zustimmung der vielen konservativen Synodalen bekommen.

Auch so war die Barmer Synode ein besonderes kirchengeschichtliches Ereignis. Nach den Spaltungen der Reformationszeit war die Barmer Theologische Erklärung nach 400 Jahren ein erstes gemeinsames Bekenntnis evangelischer Christen. Sie war zugleich das Ergebnis einer Bewegung von unten, getragen von selbstständigen Gemeinden und widerständigen Christen, die in einer dramatischen Situation Verantwortung für den Weg der Kirche übernahmen.

Lyonel Feininger »Gelmeroda IX«, Öl auf Leinwand, 99 x 79 cm, 1926, Museum Folkwang, Essen

# Lyonel Feininger »Gelmeroda IX«

Der Amerikaner Lyonel Feininger war bis 1932 Professor am Bauhaus in Weimar. Die Dorfkirche in Gelmeroda, heute ein Vorort von Weimar, wurde durch ihn berühmt, weil er sie mit ihrem charakteristischen Turm immer wieder malte, zeichnete und im Holzschnitt druckte.

Die Kirche wird eingerahmt von spitzgiebligen Hausfronten. Sie wird von Osten beleuchtet, als ob es früher Morgen wäre. Etwa zehn schwarz gekleidete Personen und eine weitere ganz links in Weiß stehen vor dem Portal im Untergeschoss des Turms. Sie kommen von rechts, von vorn und von links, als wollten sie in die Kirche gehen. Doch sie stehen da, als wären sie eingefroren.

Alles Figürliche ist auf dem Bild stark zurückgenommen. Feininger erreicht seine Wirkung durch die Anordnung von kubistischen Formen, Linien, Strahlen und durch die durchsichtig erscheinenden Farben. »Wo ich früher Bewegung und Unruhe anstrebte, habe ich jetzt die vollkommene eherne Ruhe der Gegenstände, ja der umschließenden Luft empfunden und auszudrücken versucht.« (Lyonel Feininger)

# Christi Himmelfahrt

Ein Naturwissenschaftler und ein Theologe kommen miteinander ins Gespräch. »Wo liegt eigentlich der Himmel?«, fragt der Naturwissenschaftler. »Weit, sehr weit – noch hinter dem Stern Sirius«, lautet die Antwort. »So, und wie schnell ist Christus gen Himmel gefahren?« Der Theologe wittert jetzt Gefahr und meint vorsichtig, so schnell wie eine Kanonenkugel könne der Herr wohl geflogen sein. »Dann fliegt er noch«, erklärt der Naturwissenschaftler nüchtern.

Ist Jesus Christus wirklich »aufgefahren in den Himmel«, wie es im Glaubensbekenntnis heißt? Die Anekdote aus dem 19. Jahrhundert spielt darauf an, dass die Himmelfahrt Christi quer zu einer naturwissenschaftlich geprägten Weltvorstellung steht. Die Erde bewegt sich im Universum mit seinen Galaxien und schwarzen Löchern. Wohin soll Christus hinaufgefahren sein?

Wie war das mit der Himmelfahrt Christi?

Wer die Bibel aufschlägt, wird überrascht feststellen, dass die meisten Evangelisten und auch Paulus von der Himmelfahrt gar nichts wissen. Nur der Evangelist Lukas berichtet von einer Himmelfahrt Christi. Er erzählt in der Apostelgeschichte, dass Jesus nach seiner Auferstehung noch 40 Tage lang seinen Jüngern erschienen ist, mit ihnen isst und ihnen genaue Anweisungen für die Zukunft gibt. Nach 40 Tagen führt er die Jünger vor die Stadt in die Nähe des kleinen Ortes Bethanien, segnet sie zum Abschied und fährt vor ihnen zum Himmel empor.

Ziemlich sicher ist, dass die Himmelfahrt Jesu sich so, wie Lukas sie beschreibt, nicht ereignet hat. Und das wusste Lukas selbst auch!

Aber er war ein guter Schriftsteller, der Bilder, die die Menschen seiner Zeit kannten, so deutete, dass diese Bilder etwas über Jesus erzählten.

Die ersten Christen sprachen schon bei der Auferstehung Jesu davon, das dieser in den Machtbereich Gottes »erhöht« worden sei. Der Machtbereich Gottes, das ist für diese Christen der »Himmel«. Gemeint ist damit nicht der Weltraum, der Sternenhimmel oder sonst ein geografischer Ort. »Siehe, der Himmel und aller Himmel Himmel können dich nicht fassen«, wusste schon das Alte Testament. Der Himmel des biblischen Glaubens ist kein Raum, den man lokalisieren oder vermessen könnte. Wo Gott ist, da ist der Himmel. Kein Ort, zu dem man mit Raumsonden vorstoßen könnte, sondern die Welt Gottes, das Jenseits, über das wir nichts sagen können. Nur, dass sich der Himmel in der Geschichte Jesu Christi für uns geöffnet hat.

Der Schriftsteller Lukas wusste: »Erhöhung zu Gott« – darunter konnten sich seine griechischen und römischen Leser, die nicht vom jüdischen Denken geprägt waren, nichts vorstellen. Himmelfahrt aber, das war anschaulich. Damit konnten seine Leser etwas anfangen. Denn auch von Herakles, von Romulus oder von den großen römischen Kaisern wie Augustus wurde erzählt, dass sie nach ihrem Tod in den Himmel gefahren seien. Lukas nimmt also dieses bekannte Motiv auf, bezieht es auf den Sohn Gottes und deutet es in biblischer Perspektive.

Zugleich konnte Lukas damit zeigen, dass die jetzt angebrochene Zeit der Kirche kein Missverständnis ist: »Aufgefahren in den Himmel« – das bedeutet zunächst ein Ende. Die irdische Geschichte des Juden Jesus ist zu Ende. Aber dieses Ende ist ein Anfang. Eine neue Zeit beginnt, in der wir mit Jesus anders dran sind. Luther hat das so beschrieben: »Man soll nicht denken, er sei da hingefahren und sitze nun da oben und lasse uns hier regieren, sondern darum ist er hinaufgefahren, weil er dort am meisten schaffen und regieren kann … Darum denke nicht, er sei nun weit von uns. Im Gegenteil. Als er auf Erden war, war er uns fern, jetzt ist er uns nah!« Denn der, der in den Machtbereich Gottes »hinauffuhr«, hat mit seinem Leben, seinem Sterben und seiner Auferstehung diesen Himmel für alle geöffnet.

# Pfingsten

Von allen großen kirchlichen Festen ist Pfingsten das unbekannteste. Heiligabend geht man in die Kirche, Ostern vielleicht, Pfingsten eher nicht. »Pfingsten sind die Geschenke am geringsten, während Ostern, Geburtstag und Weihnachten – was einbrachten«, dichtete Bert Brecht.

Was hat es mit Pfingsten auf sich?

Die Apostelgeschichte erzählt, dass Menschen aus aller Herren Länder 50 Tage nach Ostern in Jerusalem versammelt sind, um das jüdische Wochenfest zu feiern. Inmitten des Sprachengewirrs fangen die bis dahin verängstigten Jesus-Anhänger an, öffentlich zu predigen. Und diese einfachen Leute, Fischer und Handwerker, reden so, dass Menschen sie in ihrer eigenen Sprache verstehen: Parther und Meder, Römer und Mesopotamier, Ägypter und Libyer, Kreter und Araber, Griechen und Juden. Ein Sprachenwunder!

Es macht deutlich: Die Kirche war von Anfang an eine internationale Angelegenheit! Der Apostel Paulus ist es dann, der dafür gesorgt hat, dass die christliche Kirche als internationale keine innerjüdische Gruppe blieb. Seine Überzeugung war: Die neue Gemeinde der Christen ist eine für alle offene Gemeinschaft – barrierefrei und inklusiv, wie man heute sagt. Eine Gemeinschaft, die Aus- und Abgrenzung überwindet. Im Galaterbrief beschreibt er das so: »Es gibt hier nicht Juden noch Griechen, nicht Sklaven noch Freie, nicht Männer noch Frauen, sondern ihr seid allesamt einer in Christus Jesus.«

Das Christentum war offen für alle Schichten der Bevölkerung, für alle Völker, alle Kulturen, alle Berufe, für Männer und Frauen –

egal, ob sie in Syrien, Nordafrika, in Griechenland oder in Italien lebten. Das war neu. Das war der Geist von Pfingsten, das war das Attraktive am Christentum. Bis dahin galt: Es gab die siegreichen Römer und die besiegten Barbaren, die gebildeten Griechen und die ungebildete Landbevölkerung. Die einen gehörten dazu und die anderen waren ausgeschlossen, die einen waren oben und die anderen waren unten. Die Botschaft der Christen ist dagegen: Vor Gott sind alle Menschen gleich! Gottes Geist hebt alle Unterschiede auf.

Heute leben fast zweieinhalb Milliarden Christen auf allen Kontinenten der Erde. Sie sprechen Koreanisch und Spanisch, Russisch und Kisuaheli, Englisch und auch Deutsch. In Afrika gibt es inzwischen mehr Christen als in Europa, in China mehr als in Deutschland.

Diese Christen gehören zusammen – weltweit. Diese Gemeinschaft ist eine große Gegenkraft gegen alle Abschottungstendenzen, die in der großen Politik weltweit gerade wieder an Kraft gewinnen: Da sollen Mauern gebaut werden gegen Arme und gegen Flüchtlinge. Da kündigt man die Zusammenarbeit auf und droht mit Handelskriegen. Da setzt man auf die eigene Stärke und rüstet militärisch wieder auf. Da schürt man neuen Nationalismus und hetzt das eigene Volk gegen Fremde auf. Da setzt man Fake News in die Welt und erfindet Verschwörungstheorien. Da hat man mit dem Christentum nichts am Hut, spricht aber vom »christlichen Abendland« und lästert über andere Religionen.

Doch Gottes Geist weht, wo er will. Er lässt sich nicht begrenzen und weht sogar über christliche Zäune hinweg, bringt Austausch mit anderen Religionen, weht in die Offenheit und Weite der Welt hinaus.

Zu Pfingsten begann alles – und ein Ende ist nicht abzusehen. Denn mag das Christentum in Europa auch schwächeln – als internationale Angelegenheit gewinnt es an Kraft. Gott sei Dank!

# Pfingsten - Kirche ist Minderheit

Nur noch weniger als die Hälfte der Deutschen gehört mittlerweile einer der beiden großen Kirchen an. Die Mehrheit der Deutschen ist kein Kirchenmitglied. Das ist ein Einschnitt!

Finanzielle Gründe spielen beim Kirchenaustritt aus der Evangelischen Kirche die größte Rolle, aber darüber hinaus kann man auch sagen: Menschen verlassen die Kirchen, weil sie mit dem Glauben nichts mehr anfangen können, weil ihnen die Kirchen gleichgültig geworden sind und weil Religion, wie Umfragen zeigen, zu einem unwichtigen Lebensbereich geworden ist. In einem gewissen Widerspruch dazu möchte eine Mehrheit aber durchaus, dass es weiterhin Kirchen gibt. Das diakonische Engagement und die Bildungsarbeit der Kirchen werden hoch geschätzt und 75 Prozent zumindest der Westdeutschen sagen, dass das Christentum das Fundament unserer Kultur darstellt. Aber mit der eigenen Lebensführung hat das alles nichts zu tun. Der Religions- und Kultursoziologe Detlef Pollack folgert: »Die Kirche kann machen, was sie will, sie erreicht die Menschen nicht mehr.«

Die Christen werden hierzulande zur Minderheit. Viele Menschen werden bald nicht mehr wissen, was es mit den Zehn Geboten auf sich hat und warum Ostern und Weihnachten gefeiert werden. Viele Kirchen werden umgewidmet oder abgerissen und an die Stelle von Caritas und Diakonie werden immer mehr private Unternehmen treten. Noch sind die Kirchen die größten Träger freier Bildungseinrichtungen in Deutschland, noch unterhalten sie mehr als die Hälfte aller Kindertagesstätten, noch arbeiten fast zwei Millionen Menschen haupt- und ehrenamtlich in Diakonie und Caritas, noch setzen die Kirchen etwa 20 Prozent ihrer finanziellen Mittel für kulturelle Tätigkeiten ein, noch gibt es Seelsorgerinnen und Seelsorger in Krankenhäusern und Altenheimen, im Justizvollzug und bei der Bundeswehr. Noch leisten die Kirchen einen großen Teil der Flüchtlingsarbeit, führen sie in der Gesellschaft weitgehend den interreligiösen Dialog und organisieren an vielen Orten die Hospizarbeit. Und noch unterhalten Evangelische und Katholische Kirche etwa 50.000 größere oder kleinere Kirchen im Land, von denen drei Viertel unter Denkmalschutz stehen. Ob die Kirchen das in 20 Jahren noch aufrechterhalten können, ist höchst unsicher.

»Werden die Christen noch mehr zur Minderheit, geht etwas verloren, was unserer Gesellschaft gut tun würde und was die gesellschaftliche Entwicklung in Westeuropa stark geprägt hat. Diesen Einfluss kann man gar nicht überbewerten«, stellt Pollack fest. Nächstenliebe, Gerechtigkeit, Barmherzigkeit, Versöhnung sind in einer Gesellschaft nicht selbstverständlich, sondern auf Institutionen angewiesen, in denen sie gelebt und gefördert werden. Kirchenmitglieder sind nach allen Untersuchungen deutlich stärker bereit, sich sozial zu engagieren als der Durchschnitt der Konfessionslosen. Und es sind nicht die Dümmsten und Konservativsten, die sich in der Kirche engagieren.

Was können die Kirchen in dieser Situation tun? Die Zunahme der Konfessionslosigkeit lässt sich kaum umkehren, der Prozess der Entkirchlichung wird sich fortsetzen. Die Kirchen haben es aber selbst in der Hand, ob sie als Minderheit bedeutungslos werden oder für suchende und sozial engagierte Zeitgenossen interessant bleiben. In jedem Fall dürfen die Kirchen keine Bunkermentalität entwickeln und sich aus der Mitverantwortung für die Gesellschaft verabschieden. Allein mit der Pflege binnenkirchlicher Aktivitäten werden die Kirchen kein zukunftsorientiertes Profil entfalten. Sie müssen eher auf eine Vertiefung ihrer Kontaktflächen zur Gesellschaft Wert legen: in der Bildungsarbeit, in Diakonie und Sozialarbeit, Kultur und Musik, Flüchtlingsarbeit und Entwicklungshilfe.

Zugleich dürfen die Kirchen dem Mitgliederschwund nicht einfach schulterzuckend zusehen. Die Evangelische Kirche hat bisher kaum erkennbar reagiert. Die Mitgliederkommunikation in der Kirche ist miserabel und nicht mehr zeitgemäß. Man muss 70 oder gar 80 Jahre alt werden, um mal einen Besuch oder Brief von der Kirche zu bekommen. Kein Wunder, dass außer den Hochverbundenen nur wenige wissen, was die Kirchen wirklich tun und was in der Gemeinde läuft. Mitarbeiterinnen und Mitarbeier werden nicht wirklich begleitet oder gefördert. Die Nachwuchsförderung überlässt man dem Zufall und der Umbau der Landeskirchenämter von Behörden zu Service-Centern steht immer noch aus.

Die Kirchen müssen sich auch mehr um ihr öffentliches Image kümmern. Niemand identifiziert sich mit einer Institution, über die negativ gesprochen wird. Etwa 75 Prozent der öffentlichen Berichterstattung beziehen sich auf die katholische Kirche. Als evangelischer Christ habe ich den Eindruck: »Das quietschende Rad kriegt immer das meiste Öl.« Vor allem die Evangelische Kirche braucht dringend eine bessere und eigenständigere Öffentlichkeitsarbeit. Von einer neuen Initiative der Kirchen höre ich in der Tagesschau nie etwas, dafür aber, ob Elon Musk schlecht geschlafen hat oder der Schlagzeuger einer Uralt-Rock-Band gestorben ist.

In ihren Worten und in ihrem Handeln müssen die Kirchen inhaltlich herausfordernder werden: klarer, schneller, überraschender – und weniger harmlos, sondern auch mal kreativ provozierend. Die Evangelische Kirche ist viel zu brav, viel zu unauffällig, von den meisten Menschen wird sie gar nicht zur Kenntnis genommen.

Vor allem aber muss sich die Kirche trauen, wieder mehr von Gott zu reden, nicht platt missionarisch und auch nicht in spirituellen Floskeln, sondern auf der Höhe der Zeit, verständlich, befreiend und lebenszugewandt. So dass auch moderne Zeitgenossen merken, dass es nicht unvernünftig ist, an Gott zu glauben. Das ist der Markenkern der Kirchen, den kann kein anderer ersetzen.

# 20. Juni – Weltflüchtlingstag

Abraham war ein Wirtschaftsflüchtling. Weil in Kanaan eine Hungersnot herrschte, suchte er mit der Familie Zuflucht in Ägypten. Gültige Papiere hatte er nicht.

Der Prophet Elia war ein politisch Verfolgter, die Königin Isebel trachtete ihm nach dem Leben. Elia floh in die Wüste. Dort setzte er sich unter einen Ginsterstrauch und bat um den Tod.

Jesus war schon als Kind ein Flüchtling, denn König Herodes trachtete ihm nach dem Leben. Im Traum erschien seinem Vater Joseph ein Engel, der ihn aufforderte, mit Frau und Kind nach Ägypten zu fliehen.

Die Bibel ist ein Buch voller Fluchtgeschichten. Flucht und Vertreibung ziehen sich wie ein roter Faden durch die Weltgeschichte. Oft traf es die Juden. Sie mussten früh aus Israel fliehen, dann aus Spanien, aus Russland, aus Deutschland. Schwarzafrikaner wurden als Sklaven von Afrika nach Amerika gebracht. Indianer wurden in Nordamerika aus ihrer Heimat vertrieben, Griechen und Kurden aus der Türkei, Armenier aus ihrem Land, Deutsche aus Schlesien und Ostpreußen, Ukrainer aus der Ukraine. Flucht und Vertreibung gab es schon immer. Aktuell sind mehr als 100 Millionen Menschen auf der Flucht, darunter überdurchschnittlich viele Kinder und Jugendliche. Sie fliehen vor Krieg und Gewalt, sie fliehen vor Hunger, wirtschaftlicher Not und vor religiöser Verfolgung.

Eine Flucht ist keine Urlaubsreise. Niemand verlässt seine Heimat gern, lässt Haus, Freunde, Verwandte und die Gräber der Vorfahren zurück. Eine Flucht ist voller Gefahren und Ungewissheiten.

Viele Fliehende werden Opfer von Kriminellen, die ihre Not ausnutzen, viele verlieren ihr Leben in unwirtlichen Wüsten oder auf dem offenen Meer. Mehr als 50.000 Menschen sind in den letzten 30 Jahren im Mittelmeer ertrunken.

Im Dezember 2000 erklärte die Generalversammlung der Vereinten Nationen den 20. Juni zum Weltflüchtlingstag. Flüchtling ist laut der Genfer Flüchtlingskonvention eine Person, die »aus der begründeten Furcht vor Verfolgung wegen ihrer Rasse, Religion, Nationalität, Zugehörigkeit zu einer bestimmten sozialen Gruppe oder wegen ihrer politischen Überzeugung sich außerhalb des Landes befindet, dessen Staatsangehörigkeit sie besitzt und den Schutz dieses Landes nicht in Anspruch nehmen kann.«

In den letzten zehn Jahren hat Deutschland etwa anderthalb Millionen Flüchtlinge dauerhaft aufgenommen. Am meisten kamen 2015, als Deutschland die Grenzen für die Flüchtlinge öffnete. Tausende standen auf den Bahnhöfen und hießen die Fremden willkommen. Eine Welle der Hilfsbereitschaft ging durch das Land.

Das ist Geschichte. Die Stimmung hat sich gewandelt. Anschläge gegen Asylunterkünfte haben wieder zugenommen. Populisten schüren Fremdenhass, nicht nur rechte Politiker fordern einen Aufnahmestopp.

In der Tat: Niemand kann allen Menschen in Not auf der Welt helfen. Aber, wie ein jüdisches Sprichwort sagt: »Wer einen Menschen rettet, rettet die ganze Welt.« Wir tun, was in unserer Macht steht, den Rest legen wir in Gottes Hand.

Denn Christen haben viele Erfahrungen mit Flucht und Vertreibung. Ende des 17. Jahrhunderts flohen 200.000 Protestanten, die sogenannten Hugenotten, auf der Suche nach Glaubensfreiheit aus Frankreich in die Schweiz, nach Hessen und nach Preußen, wo sie für wirtschaftlichen Aufschwung sorgten. Und knapp 50 Jahre später verließen 20.000 Salzburger Protestanten, vom Erzbischof aus dem Land vertrieben, Österreich und zogen unter Glockengeläut in Ostpreußen ein.

Flucht und Vertreibung sind auch ein Kernthema der Bibel: Hagar flieht vor den Drangsalierungen ihrer Herrin Sara in die Wüste. Jakob flieht vor seinem Bruder Esau nach Mesopotamien. Mose muss aus Ägypten fliehen und führt dann das Volk aus ägyptischer Knechtschaft. David flieht erst vor den Nachstellungen Sauls und dann vor der Revolte seines Sohnes Absalom. Schließlich werden große Teile des gesamten Volkes aus dem Land vertrieben und ins babylonische Exil geschickt.

Kein Wunder, dass Flüchtlinge und Fremde in der Bibel unter dem besonderen Schutz Gottes stehen: »Wenn ein Fremder bei euch wohnt in eurem Lande, den sollt ihr nicht bedrücken. Er soll bei euch wohnen wie ein Einheimischer, und du sollst ihn lieben wie dich selbst; denn ihr seid auch Fremde gewesen in Ägyptenland. Ich bin der Herr, euer Gott.« (3 Mose 19,33f.)

Die Bibel kennt sogar schon das Asylrecht. Wer um Asyl bittet, ist nicht automatisch im Recht, aber er möchte seinen Fall noch einmal untersuchen lassen. Darum geht er in den Tempel oder in die Kirche und berührt den Altar. Asylsuchende stehen dann unter Gottes Schutz. So war es im Altertum, so war es über Jahrhunderte bis zum Ende des Mittelalters.

In Deutschland ist das Asylrecht aufgrund der Erfahrungen der Naziherrschaft ein Grundrecht. Doch in den letzten Jahren ist dieses Grundrecht immer mehr eingeschränkt worden. Mit der biblischen Sicht auf Fremde und Schutzsuchende ist das schwer zu vereinbaren. Auch wenn Christen und Kirchen zu einer Minderheit in der Bevölkerung werden, bleibt es ihre Aufgabe, das Grundrecht auf Asyl für alle Flüchtlinge zu verteidigen, faire Verfahren zu fordern und Menschen in Not zu ihrem Recht zu verhelfen.

Am 20. Juni ist Weltflüchtlingstag!

Fritz von Uhde »Heideprinzesschen«, Öl auf Leinwand, 140 x 111 cm, 1889, Inv. Nr. A II 841, Alte Nationalgalerie/Staatliche Museen zu Berlin, Berlin

# Fritz von Uhde »Heideprinzesschen«

Es ist Sommer. Barfuß steht das kleine Mädchen inmitten stacheliger Pflanzen auf unkultivierter Heide. Die Blumen und Disteln wachsen ihr über den Kopf. Gar nicht süß und drollig, sondern selbstbewusst und ganz natürlich, mit gestrecktem Oberkörper und die Hände hinter dem Rücken sieht die kleine »Prinzessin« den Betrachter an. Ein langer Strohhalm hängt ihr lässig aus dem Mund. Vermutlich hat Fritz von Uhde hier 1889 eine seiner Töchter gemalt.

# Johannis – Siebenschläfer – Sommer

Am 21. Juni ist kalendarischer Sommeranfang. Die Sonne hat ihren höchsten Stand erreicht: der längste Tag, die kürzeste Nacht, abends ist es ganz spät noch hell.

Unsere Vorfahren, die Kelten, die Germanen und die Slawen, haben in der kürzesten Nacht Sonnenwendfeuer entzündet. Da wurde die Nacht mit Reisig- und Strohfeuern zum Tag gemacht und die Menschen sprangen jubelnd und singend über die lodernden Flammen. Gott Wotan schritt in dieser Nacht nach germanischem Glauben über die Erde und segnete die Felder.

Vergeblich versuchte die Kirche, diese Bräuche abzuschaffen. Schließlich nahm sie sie einfach auf und versah sie mit einem neuen Inhalt. Am 24. Juni feierte die Kirche den Geburtstag Johannes des Täufers, nicht zufällig genau ein halbes Jahr vor Weihnachten. Nach dem Lukasevangelium wurde Jesus sechs Monate nach Johannes geboren. Und dass die Tage ab dem Johannistag wieder kürzer werden und Weihnachten in zeitlicher Nähe zur Wintersonnenwende liegt, passte zu dem, was Johannes über Jesus sagte: »Er muss wachsen, ich aber muss abnehmen.«

»Johannis« – das war über Jahrhunderte hinweg einer der wichtigsten Tage im Jahr. Am Scheitelpunkt des Jahres wurde der Tag als eine Art »Sommer-Weihnacht« mit Volksfesten, Johannisfeuer, Johannisbädern und anderen Bräuchen begangen. Manches davon hat sich bis heute, vor allem in Skandinavien, erhalten. In Dänemark werden an diesem Tag überall große »Hansfeuer« entzündet, und in Schweden ist »Mittsommer« das wichtigste Fest des Jahres überhaupt, an dem das Land praktisch stillsteht.

In Deutschland ist Johannis heute allenfalls noch ein Thema für Bauern und Gärtner. »Bis an Johannis wird gepflanzt, das Datum du dir merken kannst«, heißt eine alte Bauernregel. Johannis ist spätester Termin für die Heuernte. Bäume und Hecken können das zweite Mal beschnitten werden, für Spargel und Rhabarber endet an Johannis die Erntezeit: »Kirsche rot, Spargel tot.«

Der Johannistag teilte einmal das Jahr, er steht für den Sommer. Genauso wie »Siebenschläfer« einige Tage später, am 27. Juni. So genannt nach den sieben Brüdern, die im dritten Jahrhundert der Legende nach während einer Christenverfolgung in einer Höhle eingemauert wurden und rund 200 Jahre später unversehrt aus ihrem Dauerschlaf erwachten und befreit wurden. »Das Wetter am Siebenschläfertag sieben Wochen bleiben mag«, sagt eine alte Bauernregel.

Johannis und Siebenschläfer stehen für den Sommer, auf den man sich das ganze Jahr gefreut hat: auf die langen Tage, auf die Wärme, auf das schöne Wetter. Erinnerungen an die Sommerferien in der Schulzeit steigen auf: endlich Ferien, sechs Wochen keine Schule, Freiheit den ganzen Tag. Man kann im Sommer viel draußen sein – im Garten, im Café, im Freibad. Abends noch lange auf dem Balkon oder auf der Terrasse sitzen und sehen, wie die ersten Sterne am Himmel erscheinen – oder am Strand langsam die Sonne untergehen sehen. Davon zehrt man hinterher noch lange.

»Summertime, and the livin' is easy«, heißt das berühmte Lied von George Gershwin. Doch das gilt nicht für alle Menschen. Wer in der Landwirtschaft arbeitet, und das war früher einmal die Mehrheit, empfindet den Sommer meist nicht als easy, sondern als angespannt: Das Getreide muss eingebracht werden. Spielt das

Wetter mit? Was machen die Böden? Ist es zu trocken, hat es zu viel geregnet? In früheren Zeiten veranstaltete man im Sommer Bittgottesdienste für mehr Regen oder auch, wenn das Getreide nicht reif werden wollte, für endlich mehr Sonne. Ein Hagelschlag im Sommer konnte die Ernte vernichten und ein ganzes Dorf arm machen. »Herr, gib durch deinen Segen den lieben Sonnenschein, dazu den sanften Regen, die du uns schaffst allein«, heißt es in einem alten Gesangbuchlied. Heute wissen wir, dass Hitzerekorde und Dürreperioden der letzten Jahre Folgen des Klimawandels sind. Und den haben wir Menschen verursacht, Gott sollten wir dafür nicht verantwortlich machen.

Der Sommer kann sehr heiß, zu heiß werden. Der Sommer kann aber auch kalt und verregnet sein. Jedes Jahr aufs Neue träumen wir aber von einem schönen, sonnigen und angenehm warmen Sommer. Hanns Dieter Hüsch hat diesen Traum in seinem Juni-Psalm so formuliert:

*»Herr,*
*es gibt Leute, die behaupten:*
*Der Sommer käme nicht von dir –*
*und begründen mit allerlei und vielerlei Tamtam*
*und Wissenschaft und Hokuspokus,*
*dass keine Jahreszeit von dir geschaffen –*
*und dass ein Kindskopf jeder,*
*der es glaubt …,*
*und dass dich noch keiner bewiesen hätte*
*und dass du nur ein Hirngespinst seist.*
*Ich aber hör nicht drauf und hülle mich in deine Wärme*
*und saug mich voll mit Sonne*
*und lass die klugen Rechner um die Wette laufen.*
*Ich trink den Sommer wie den Wein.*

*Die Tage kommen groß daher*
*und abends kann man unter deinem Himmel sitzen*
*und sich freuen,*
*dass wir sind*
*und unter deinen Augen*
*leben.«*

*Hanns Dieter Hüsch*
*Aus: Hanns Dieter Hüsch/Uwe Seidel, Ich stehe unter Gottes Schutz,*
*Seite 62, 2018/16,© tvd-Verlag, Düsseldorf 1996*

# Wetter

Wer will, kann am Tag fünfzigmal Wetternachrichten hören oder sehen. Im Radio zu jeder vollen Stunde nach den Nachrichten. Im Fernsehen schon morgens im Morgenmagazin, mittags im Mittagsmagazin, dann in »Das Wetter vor Acht«, natürlich am Ende der Tagesschau und noch spätabends. Und das auf mindestens 20 Kanälen. Nie gab es so viel Wetter wie heute! Wir wissen inzwischen mehr über das Wetter als alle Generationen vor uns. Wir kennen uns aus mit dem Azorenhoch und dem Islandtief, mit dem Saharastaub und dem Treibhauseffekt.

Dabei sind wir heute gar nicht mehr so unmittelbar abhängig vom Wetter wie die Menschen in früheren Zeiten. Da kam das Unwetter oft ohne Vorwarnung. Der Himmel wurde plötzlich dunkel, und schon bald danach zuckten die ersten Blitze. Keine Wetternachricht hatte gewarnt. Ältere unter uns haben vielleicht noch erlebt, wie Bauernhöfe nach Blitzschlag abbrannten und Existenzen vernichtet wurden. Man war viel abhängiger vom Wetter als heute. Im Sommer musste vor dem großen Regen noch die Ernte eingefahren werden. Wenn der Regen ausblieb oder die Schafskälte im Juni noch späten Frost brachte, drohten Missernten und das konnte Hunger und Tod bedeuten.

In früheren Zeiten war ganz klar: Das Wetter kommt von Gott – oder von Göttern. Vom germanischen Gott Thor oder vom griechischen Gott Zeus, die die Blitze schleuderten. Und auch in der Bibel heißt es von Gott, dass »er die Wolken aufsteigen lässt vom Ende der Erde, dass er die Blitze samt dem Regen macht und den Wind herausführt aus seinen Kammern«. (Psalm 135,7)

Gott spielt heute, wenn vom Wetter geredet wird, keine Rolle mehr. Wir wissen , wie es zu den Jahreszeiten kommt, wie Nebel entstehen oder wie ein Gewitter funktioniert.

Doch mehr als zehn Tage im Voraus kann in Deutschland kein Computer das Wetter sicher voraussagen. Das Wettergeschehen ist zu komplex: Die Sonne, die Ozeane, die Erwärmung der Erdoberfläche, die Erdrotation, die Meeresströmungen, die Luftdruckunterschiede und vieles mehr wirken zusammen.

Früher sagte man: Gott sei Dank, dass der Mensch das Wetter noch nicht machen kann! Wir haben aber doch angefangen, Wetter und Klima zu beeinflussen – und das ging schief. Das Wetter ändert sich – und nicht zum Guten: Dürre und Waldbrände auf der einen, Starkregen und Überschwemmungen auf der anderen Seite sind langfristige Folgen menschlichen Handelns.

Dabei haben wir es noch gut. Wir leben in einer gemäßigten Wetterzone: milde Winter, meist keine tropischen Sommer, Hochs und Tiefs wechseln sich ab, keine Taifune. Wettermäßig leben wir privilegiert, auch wenn manche Menschen immer über das Wetter lamentieren: zu heiß, zu kalt, zu nass, zu trocken. Über das Wetter kann man immer reden, über das Wetter kann man immer klagen.

Eine uns schützende Atmosphäre, Sonnenschein und Regen, Sturm und Landregen, Nebel und Gewitter, Eis und Schnee – all diese Phänomene gibt es nur auf der Erde und nur darum ist Leben auf diesem Planeten möglich. »Solange die Erde steht, soll nicht aufhören Saat und Ernte, Frost und Hitze, Sommer und Winter, Tag und Nacht«, heißt es darum in der Bibel. Das Wetter gehört zu den Existenzbedingungen unseres Lebens. Wir haben diese nicht geschaffen. Sie sind uns geschenkt und anvertraut. Das ist – trotz allen Wissens, das wir haben, – dann vielleicht doch ein Grund, Gott zu loben, ihm zu danken und ihn zu bitten, dass der Sommer erträglich bleibt und der Regen nicht zu lange auf sich warten lässt.

# Urlaub

Im Juni fangen in den ersten Bundesländern schon die Sommerferien an. Die Haupturlaubszeit geht in Deutschland dann bis in den September, wenn auch die Bayern und Schwaben aus dem Urlaub wieder da sind. Etwa drei Viertel aller Deutschen sind in dieser Zeit unterwegs, für ein paar Tage oder für ein paar Wochen.

Das Urlaubsverhalten der Deutschen ist inzwischen gut erforscht. Der Trend geht seit Jahren zum Kurzurlaub. Lieber mehrmals im Jahr für ein paar Tage »rauskommen«, als einen einzigen mehrwöchigen Urlaub verbringen. Der große Sommerurlaub dauert heute im Durchschnitt 13 Tage und am liebsten möchte man ans Meer, wobei auch Städtereisen in den letzten Jahren zugelegt haben.

Gut 2.500 Euro geben die Deutschen jährlich für den Urlaub aus. In den angeblich »schönsten Wochen im Jahr« will man nicht unbedingt sparen. Die Urlaubsforscher haben auch herausgefunden, dass Nachhaltigkeit bei den meisten Urlaubern noch keine große Rolle spielt. Immer noch wird viel geflogen, auch in ferne Länder; Kreuzfahrten verzeichnen einen Boom und die Urlaubsreise mit dem Zug ist nur etwas für eine Minderheit.

Warum verreisen wir gern? Sicher aus Neugier auf andere Landschaften, Orte und andere Menschen. »Mich trägt die Sehnsucht fort in die weite Ferne, unter mir Meer und über mir Nacht und Sterne«, heißt es in dem Lied La Paloma. Und auch, weil wir einen Tapetenwechsel und die Unterbrechung des gewohnten Alltags manchmal einfach brauchen.

Ein hoher Erwartungsdruck lastet auf dem Urlaub: Man will sich mehr bewegen, endlich etwas für die Gesundheit tun, etwas mit der Familie unternehmen, ein gutes Buch lesen, Kultur genießen, die Natur erkunden, etwas von der Welt sehen – und sich richtig erholen. Ob das alles eintreffen kann? Kann man im Urlaub das nachholen, was man das ganze Jahr vermisst hat?

Kommt man am Urlaubsort an, fängt es möglicherweise an zu regnen; auf den Matratzen im Hotel kann man nicht gut schlafen; die Gäste von nebenan machen abends ständig Lärm. Nicht selten wird der gemeinsame Urlaub zum Härtetest für Beziehungen. Zu Hause kann man sich auch mal aus dem Wege gehen, im Urlaub ist man immer zusammen. Jede dritte Scheidung, sagen Therapeuten, wird nach dem Urlaub eingereicht.

Psychologen haben die typische Glückskurve für einen zweiwöchigen Urlaub beschrieben. In den letzten Tagen vor Urlaubsbeginn und auch an den beiden ersten Urlaubstagen ist es relativ stressig: Urlaubsvorbereitungen, packen, Fahrt oder Flug, Unterkunft oder Campingplatz, den Ort erkunden … Ist alles so, wie man es sich vorgestellt hatte? Nach knapp einer Woche ist der Höhepunkt erreicht: Alles ist prima. Doch dann sinkt das Glücksniveau allmählich wieder, zum Schluss deutlich. Negative Gedanken an die bevorstehende Arbeit oder über die auf einen wartenden alten Probleme sind die Urlaubskiller Nummer 1. Und in der Regel ist eine Woche nach Urlaubsende das alte Stressniveau wieder erreicht.

Merkwürdig ist auch: Wir können heute mehr Urlaub machen als jede Generation vor uns, aber wir fühlen uns gehetzter denn je. Vor 100 Jahren hatte ein Arbeiter in Deutschland maximal fünf Urlaubstage im Jahr, heute stehen jedem Arbeitnehmer mindestens 24 Tage zu. Wir haben heute so viel Freizeit wie noch nie, zugleich aber das Gefühl, kaum Zeit zu haben. Was stimmt da nicht?

Ruhe und Freiheit gewinnen wir nicht schon dadurch, dass uns einige Wochen freie Zeit gewährt werden. Ruhe und Erholung sind auch nicht in erster Linie eine Frage des richtigen Urlaubsortes oder des guten Wetters. Ruhe ist vor allem eine Frage meiner Lebenseinstellung. Wer im Alltag meist gestresst ist, wird den Stress auch im Urlaub nicht los. Wer einen vollen Terminkalender braucht, macht sich auch im Urlaub von morgens bis abends Programm. Um Ruhe zu haben, muss man erst einmal Ruhe geben.

Vor knapp 3.000 Jahren haben die Juden den ersten regelmäßigen Ferientag, den ersten regelmäßigen Ruhetag erfunden: »Sechs Tage sollst du arbeiten und all deine Arbeit tun; der siebte Tag aber ist ein Sabbat für den Herrn, deinen Gott.« Das Sabbatgebot war in der antiken Welt eine Revolution: Ein gemeinsamer öffentlicher Tag der Ruhe für alle nach sechs Arbeitstagen. Eine Auszeit, eine Unterbrechung des Alltags, ein Tag der Muße.

Daran könnten wir uns im Urlaub orientieren. Der Urlaub schafft kein Paradies. Selten kann er die viel zu vielen Erwartungen erfüllen. Aber er ist eine heilsame Unterbrechung, in der wir nicht funktionieren müssen, in der wir auch kein Programm abhaken müssen, in der wir von der Betriebsamkeit des sonstigen Lebens einmal Abschied nehmen und uns in Gelassenheit üben können. »Der ist nicht frei, der nicht manchmal nichts tut.« Unsere Freiheit besteht nicht nur in unserem Tun, sondern heute viel mehr noch darin, etwas bewusst zu lassen: keine E-Mails im Urlaub, kein Museumsbesuchs-Programm, keine endlosen Diskussionen von Familienkonflikten, kein Abarbeiten eines Fitness-Planes – einfach nur Ruhe. Ob wir das aushalten? Johannes Calvin sagte einmal, wir sollten Ruhe halten, damit Gott in uns arbeite. Und vielleicht gilt auch umgekehrt: Wo Gott in uns arbeitet, da kommen wir wirklich zur Ruhe und auch zu uns selbst.

# Geh aus, mein Herz, und suche Freud

*»Geh aus, mein Herz, und suche Freud*
*in dieser lieben Sommerzeit*
*an deines Gottes Gaben;*
*schau an der schönen Gärten Zier*
*und siehe, wie sie mir und dir*
*sich ausgeschmücket haben.«*

Das Lied »Geh aus, mein Herz, und suche Freud« singen alle gern: Alte und Junge, Kirchenleute und Gartenfreunde, im Gottesdienst oder bei einer Hochzeit. Das Lied ist vielleicht so beliebt, weil es so anschaulich ist: Narzissus und Tulipan, Storch und Schwalbe, Weizen und Weinstock – die ganze Fülle der Natur wird hier ausgebreitet. Vielleicht liegt es auch an der fröhlich-beschwingten Melodie: Unbefangene Sommerfreude bestimmt den Ton von Anfang bis Ende. Vielleicht liegt es auch daran, dass Paul Gerhardt hier etwas ausspricht, was viele Menschen auch heute noch so empfinden: In der blühenden und überwältigenden Natur des Frühsommers bekommen wir einen Eindruck von der Größe des Schöpfers.

Dabei handelt das Lied auch vom Jenseits, vom ewigen Leben und vom himmlischen Garten. Das Lied hat 15 Strophen, meist werden nur die ersten drei und die achte gesungen; doch sie gehören alle zusammen, wie wir sehen werden.

In den ersten Strophen erzählt Paul Gerhardt, was er sieht und hört: die Bäume in vollem Laub, Narzissen und die damals noch exotischen Tulpen, die Lerche über dem Feld, den weithin zu hörenden Gesang der Nachtigall. Weiter geht es mit der Hühnerschar im Hof, mit Storch und Schwalbe, die sich um ihre Jungen kümmern. Aus dem Garten führt der Weg ins Feld und in den Wald. Reh und Hirsch kommen durchs Gras gesprungen und Schafe weiden auf den Wiesen. Die Bienen und der Weizen markieren den Hochsommer. Der Weinstock weist auf Herbst und Ernte. Es ist ein Bild voller Lebensfreude, das Paul Gerhardt hier malt: Der edle Honig, die reiche Weizenernte und der süße Wein – sie stehen für den Segen und das Glück des Daseins.

Die alltäglichen Erlebnisse in der Natur werden bei Paul Gerhardt zum Lob Gottes:

*»Ich selber kann und mag nicht ruhn,*
*des großen Gottes großes Tun*
*erweckt mir alle Sinnen;*
*ich singe mit, wenn alles singt,*
*und lasse, was dem Höchsten klingt,*
*aus meinem Herzen rinnen.«*

Kann man Gott heute noch so unbefangen loben, wenn man sich das ganze Elend auf der Welt ansieht? Die Flüchtlingsdramen, die Hungerkatastrophen, die kriegerischen Konflikte auf der ganzen Welt?

Gerade der Liederdichter Paul Gerhardt ist ein Beispiel dafür, wie jemand Gott loben kann und doch zugleich das Schwere nicht vergisst, was er im Leben erlitten hat. Das Lied »Geh aus, mein Herz, und suche Freud« ist fünf Jahre nach Ende des Dreißigjährigen Krieges entstanden, unter dem Paul Gerhardt in unsäglicher Weise gelitten hat. Er war noch ein Kind, als der Krieg begann; als er starb, lasteten die Folgen des Krieges immer noch schwer auf den Menschen: Ganze Landstriche waren entvölkert und verwüstet; Seuchen und Epidemien rafften immer noch Tausende dahin; marodierende Banden zogen umher und verbreiteten Angst und Schrecken. Schon mit 14 Jahren steht Paul Gerhardt nach dem frühen Tod der Eltern allein auf der Welt. Während seiner Schulzeit in Grimma wütet im Ort die Pest. Sein Heimatort Gräfenheinichen liegt nach einem Überfall des schwedischen Heeres in Trümmern. Wenig später stirbt sein einziger Bruder Christian. Paul Gerhardt dichtet: »Was ist mein ganzes Wesen von meiner Jugend an als Müh und Not gewesen? Solang ich denken kann, hab ich so manchen Morgen, so manche liebe Nacht mit Kummer und mit Sorgen des Herzens zugebracht.«

In der zweiten Hälfte des Liedes, die nicht so oft gesungen wird, werden der blühende Garten und die Schönheit der Natur zu einem Gleichnis für das ewige Leben:

*»Ach, denk ich, bist du hier so schön*
*und lässt du's uns so lieblich gehn*
*auf dieser armen Erden:*
*Was will doch wohl nach dieser Welt*
*dort in dem reichen Himmelszelt*
*und güldnen Schlosse werden!«*

Wenn wir vom Himmel, vom himmlischen Garten oder von den Tränen sprechen, die Gott uns dereinst abwischt, dann sind das Bilder, keine Fotos. Die Bilder aber sind unersetzbar. Sie zeigen: Da ist noch mehr als das, was wir auf Erden erfahren und erleben können. Gott wäre nicht Gott, wenn seine Welt, sein Garten an Glanz und Schönheit hinter der gegenwärtigen Schöpfung zurückbleiben würden.

*»Hilf mir und segne meinen Geist*
*mit Segen, der vom Himmel fleußt,*
*dass ich dir stetig blühe;*
*gib, dass der Sommer deiner Gnad*
*in meiner Seele früh und spat*
*viel Glaubensfrüchte ziehe.«*

In den letzten Strophen kehrt Paul Gerhardt aus dem Himmel zur Erde zurück. Noch sind wir nicht im Himmel. Aber der Segen des Himmels kann uns für das Leben auf dieser Erde stark machen. Gottes Geist macht mich zu einem guten Baum, der gute Früchte bringt, weil seine Wurzeln tief reichen. Ein Baum, der Schatten spenden und selbst zum Segen werden kann:

*»Mach in mir deinem Geiste Raum,*
*dass ich dir werd ein guter Baum,*
*und lass mich Wurzel treiben.*
*Verleihe, dass zu deinem Ruhm*
*ich deines Gartens schöne Blum*
*und Pflanze möge bleiben.«*

# Heimat – wieder zu Hause

Der Urlaub ist vorbei. Wir sind wieder zu Hause. Doch die Urlaubseindrücke wirken meist noch lange nach: von tiefblauem Wasser an kroatischen Küsten, von den Sonnenuntergängen an den Stränden Dänemarks oder von Radtouren an den Mecklenburger Seen. Der Urlaub ist vorbei, doch von den Erinnerungen zehren wir in der Regel noch lange: von Kanutouren in Schweden, Bergwanderungen in den Alpen oder von langen Sommerabenden auf dem Campingplatz.

Wer unterwegs war, hat vermutlich einiges erlebt – interessante Menschen getroffen, bisher unbekannte Landschaften gesehen, fremde Sitten und Gepflogenheiten kennengelernt.

Erfahrungen machen nur die, die sich auf »Fahrt« begeben. Etwa Erfahrungen mit herzlicher Gastfreundschaft in Griechenland oder mit liebenswürdigen älteren »Kaffee-Damen« in schwedischen Kirchen. Erfahrungen, die unvergesslich bleiben. »Wenn einer oder eine eine Reise tut, dann kann er oder sie viel erzählen«, sagt das Sprichwort zu Recht.

Viele freuen sich am Ende des Urlaubs aber auch, wieder nach Hause zu kommen. Die gewohnten vier Wände, das vertraute Bett, die Brötchen vom Bäcker um die Ecke. Die beruhigende Alltäglichkeit. Der gewohnte Lebensrhythmus. Das Büro, der Arbeitsplatz, der gewohnte Blick aus dem Fenster.

Wir brauchen unsere Gewohnheiten, unser Zuhause. Ein bisschen Heimat braucht jeder. Uns treibt die Sehnsucht und uns zieht das Heimweh. Beides gehört zusammen.

Manchmal muss man erst einmal in der Fremde gewesen sein, um die eigene Heimat neu schätzen zu lernen. Doch nicht selten wird die Heimat in der Fremde auch verklärt: Dort ist dann alles gut, was im Ausland nicht funktioniert.

Ein bisschen Heimat braucht jeder, aber zu viel Heimat ist auch nicht gut. Denn Heimat, das ist nicht nur Nestwärme und Geborgenheit – es kann auch muffige Enge, konservative Provinz und Brutstätte von Vorurteilen sein. Das Gewohnte kann auch zur Fessel werden, und das Vertraute kann einen daran hindern, über den Rand zu gucken. Man kann nicht immer nur zu Hause hocken. Man muss auch mal aufbrechen – ins Unbekannte, in die Fremde, um den eigenen Horizont zu erweitern.

Man muss die Heimat auch mal verlassen – eine Einsicht der Vernunft, nicht des Gefühls, und auch eine Einsicht der Bibel. Abraham wird aufgefordert: »Gehe aus deinem Vaterland. Verlasse deine Verwandtschaft, und gehe in ein Land, das ich dir zeigen werde!« Die Bibel hat nur ein gebrochenes Verhältnis zur Heimat. Heimat ist nichts Religiöses, nichts Absolutes. Ins Glaubensbekenntnis gehört sie nicht.

Diesen Widerspruch müssen wir aushalten und er kann produktiv sein für unser in der Welt-sein. Wir sehnen uns nach einem Zuhause, indem wir glücklich und geborgen sind. Doch solange wir leben, sind wir auch Unruhegeister, immer auf der Suche nach einer Erfüllung, die hinter dem Horizont unseres normalen Alltags liegt.

Früher, als man die Dinge noch deutlicher beim Namen nannte, sprach man unter Christen davon, dass wir in dieser Welt nur »Gäste und Fremdlinge« sind. Das ist heute eine kaum noch verständliche Sprache. Doch dass das Leben immer wieder zu Aufbrüchen zwingt, dass wir die Heimat, die wir uns zu Lebzeiten schaffen, nicht festhalten können – das ahnen wir auch!

# 1. September – Antikriegstag

Am 1. September 1939 begann der Zweite Weltkrieg mit dem Überfall der deutschen Wehrmacht auf Polen. Als der Krieg am 8. Mai 1945 mit der Kapitulation, besser: der Befreiung Deutschlands endete, hatten mehr als 60 Millionen Menschen, darunter 25 Millionen Russen, sieben Millionen Deutsche und sechs Millionen Polen ihr Leben verloren, waren fast sechs Millionen europäische Juden von den Nazis umgebracht worden, und Millionen Menschen hatten ihre Heimat verloren. Europa und weite Teile der Welt lagen in Trümmern.

Kein Ereignis der letzten 100 Jahre hat das Leben von Millionen Menschen so bestimmt wie dieser Krieg: Frauen verloren ihre Männer, Kinder ihre Väter, viele verloren ihre Heimat. Soldaten wurden zu Tätern – und damit hinterher oft nicht fertig. Die finanziellen, sozialen und psychischen Folgen des Krieges waren auch Jahrzehnte später noch nicht ausgestanden. Manches individuelle Trauma konnte bis ans Lebensende nicht überwunden werden und wurde über Generationen hinweg weitergegeben.

Seit 1957 wird am 1. September, am Antikriegstag, an die Schrecken des Ersten und Zweiten Weltkriegs sowie an die katastrophalen Folgen von Krieg und Gewalt erinnert.

Hat das etwas geändert? Auch nach 1945 fanden in jedem Jahr irgendwo auf der Welt Kriege oder Bürgerkriege statt: in Korea, in Vietnam, immer wieder im Nahen Osten, im Kongo, in Biafra und vielen anderen Ländern Afrikas, in Nordirland, in Jugoslawien, im Irak, in Afghanistan, in der Ukraine – um nur einige Länder zu nennen. Jeden Tag sterben immer wieder irgendwo auf der Welt Kinder in Kriegen.

Sind Kriege unvermeidlich?

Auch in der Bibel kann man auf vielen Seiten von Kriegen und gewaltsamen Konflikten lesen: Kämpfe zwischen Israeliten und Philistern, Eroberungen durch Assyrer und Babylonier, Besatzung, Unterdrückung, Verschleppung. Kriege begleiten die Geschichte Israels von den Tagen Josuas und Davids bis zum Befreiungskampf der Makkabäer.

Am Anfang findet man kaum Kritik an der Gewalt. Ausführlich wird von den Heldentaten Sauls und Davids erzählt. Doch dann brechen über Israel die Katastrophen herein: Bürgerkrieg, Eroberung und Besetzung, Teilung des Landes, Verschleppung, Verlust der Heimat. Was Krieg bedeutet, das haben die Israeliten unter großen Opfern schmerzhaft erfahren müssen. So wächst die Überzeugung, dass Waffen Israel nicht schützen können und das Vertrauen auf militärische Stärke Israels Überleben nicht garantieren kann.

Vor allem bei den großen Propheten wird dann das Nein zum Krieg unüberhörbar. Der Prophet Jesaja schreibt: »Es kommt eine Zeit, die den Krieg und die Gewalt nicht mehr kennt. Alle Völker, und auch die nichtjüdischen, werden sich an den Geboten Gottes orientieren. Dann werden die Streitigkeiten zwischen den Völkern geschlichtet. Waffen werden nicht mehr gebraucht: Schwerter werden umgeschmiedet zu Pflugscharen und Speere zur Winzermessern.«

Eine großartige Verheißung! Keiner wird dagegen etwas einzuwenden haben. Nur – ist dieses Bild der Bibel nicht reines Wunschdenken?

Der Prophet Jesaja fordert auch: »Kommt und lasst uns Schritte tun im Lichte Gottes!« Wenn es Frieden geben soll, dann muss einer anfangen. Wenn es Frieden geben soll, dann muss man miteinander reden, dann muss einer den ersten Schritt tun. Wie bei Anwar Sadat und Yitzhak Rabin, Nelson Mandela und Michail Gorbatschow, Willy Brandt und den nordirischen Friedensmüttern. Es gibt ja Beispiele.

Und wenn ein Diktator wie Hitler oder jetzt Putin über ein anderes Land herfällt? Man kann ja nicht einfach zusehen, wie Krankenhäuser bombardiert, Frauen vergewaltigt und ein ganzes Land verwüstet werden. Es gibt auch das Recht der Notwehr und die Pflicht zur Nothilfe, wenn der Nachbar überfallen wird.

Krieg kann in bestimmten Situationen das letzte Mittel sein, um noch weit Schlimmeres zu verhindern. Hitler konnte nur von britischen, russischen und amerikanischen Soldaten gestoppt werden. Einem Völkermord darf niemand tatenlos zusehen. Und auch die Ukraine hat das Recht, das eigene Land und die eigene Bevölkerung zu verteidigen. Es gibt Grenzsituationen, in denen Gewalt nicht nur erlaubt, sondern geradezu geboten ist, um das Leben unzähliger Menschen zu schützen.

Dennoch ist jeder Krieg eine Katastrophe. In jedem Krieg bleiben Menschlichkeit und Wahrheit auf der Strecke. Jeder Krieg trifft vor allem die Zivilbevölkerung. In jedem Krieg wird mehr zerstört als verteidigt. Zivile Mittel haben immer Vorrang vor den militärischen. Ein Krieg kann nur die allerletzte Möglichkeit sein, wenn alle diplomatischen Bemühungen gescheitert sind.

Kriege sind nie gerecht, gerecht kann nur der Friede sein. Nur im Frieden haben Recht und Gerechtigkeit eine Chance.

# 15. September – Internationaler Tag der Demokratie

Vor mehr als 175 Jahren, am 18. Mai 1848, zogen 585 gewählte Abgeordnete in die Frankfurter Paulskirche ein: die erste deutsche Nationalversammlung. Die Stadt Frankfurt am Main empfing die Abgeordneten mit Girlanden und Glockengeläut. Die Abgeordneten fochten gegen feudale Privilegien, für bürgerliche Freiheiten, gegen Pressezensur, Justizwillkür und die Zersplitterung Deutschlands in 41 verschiedene König-, Fürsten- und Herzogtümer. Sie setzten sich für Bürgerrechte, Wahlen, Parlamente und für einen Nationalstaat ein. Und sie erarbeiteten eine erste Verfassung in Deutschland. Die Frankfurter Paulskirche – sie ist eine Wiege der Demokratie in Deutschland.

Heute sind viele Deutsche unzufrieden mit der Demokratie. Nur noch ein Drittel meint, dass Politikerinnen und Politikern das Wohl des Landes überhaupt am Herzen liege. Fast die Hälfte ist der Meinung, dass man in Deutschland seine Meinung nicht mehr frei äußern dürfe. Viele sind überzeugt, dass wichtige Entscheidungen heute nicht im Parlament, sondern in Hinterzimmern oder Chefetagen getroffen werden.

Zugleich verbreiten sich Gefühle der Unsicherheit: Die Angst vor wirtschaftlichem Abstieg oder vor Überfremdung durch die vielen Zugewanderten wächst; Männer fühlen sich durch den Aufstieg der Frauen bedroht, Autofahrer durch die Forderungen der Umweltaktivisten, hart Arbeitende durch die Gewinne des superreichen Finanzkapitals. Noch nie gab es so viele Falschinformationen und Verschwörungstheorien.

Die Menschen fangen an, an der Demokratie zu zweifeln. Sogenannte »Reichsbürger« planen den Umsturz, die AfD will eine andere Republik und steht nicht allein. Überall in Europa gewinnen populistische, ultrarechte Parteien Zulauf. Weltweit sind autoritäre Regierungen auf dem Vormarsch und sogar in der europäische Union gibt es Staaten wie Ungarn, die sich von demokratischen Prinzipien verabschieden.

2007 haben die Vereinten Nationen den 15. September zum Internationalen Tag der Demokratie erklärt. Das Ziel dieses Tages ist die Förderung und Verteidigung der Grundsätze der Demokratie. Denn Demokratie braucht gemeinsame Werte und Überzeugungen von Freiheit und Gerechtigkeit, von Respekt und Toleranz. Das ist der Sinn des oft zitierten Satzes des ehemaligen Verfassungsrichters Ermst-Wolfgang Böckenförde: »Der freiheitliche, säkulare Staat lebt von Voraussetzungen, die er selbst nicht garantieren kann.« Kein Staat kann Nächstenliebe oder Toleranz anordnen, keine Hilfsbereitschaft und keine Solidarität. Das kann nur freiwillig entstehen, das muss von den Menschen selbst kommen. Und hier spielen die Kirchen eine große Rolle.

Die Kirchen haben sich mit der Demokratie über lange Zeit schwergetan. Bis in die Zeit des Dritten Reiches war die Evangelische Kirche in ihrer großen Mehrheit grundsätzlich konservativ und obrigkeitstreu. Die Demokratie ist in Deutschland weitgehend gegen die Kirchen durchgesetzt worden. 1945, am Ende des Zweiten Weltkriegs, war aber doch allen klügeren Kirchenleuten klar: Nie wieder dürfen wir durch politische Zurückhaltung, durch Schweigen und durch unkritische Unterstützung der Obrigkeit an staatlichem Unrecht mitschuldig werden. Die Kirche muss in einem demokratischen Staat Verantwortung übernehmen. Deswegen gründete man überall evangelische Akademien, in denen über politische Grundfragen diskutiert wurde. Deswegen lud man zu großen Kirchentagen ein, auf denen auch gesellschaftliche Konfliktfragen verhandelt wurden. Deswegen hat die Evangelische Kirche seit den 60er-Jahren in vielen Denkschriften immer wieder zu gesellschaftlichen und politischen Herausforderungen Stellung genommen. Und nicht zuletzt waren es viele prominente Christen – Martin Niemöller, Gustav Heinemann, Helmut Gollwitzer, Richard von Weizsäcker, Erhard Eppler, Johannes Rau und andere –, die in den vergangenen Jahrzehnten die demokratische Kultur in Deutschland ganz wesentlich mitgeprägt haben.

Glauben ist eben nicht einfach nur Privatsache, und anders als in China oder Frankreich soll die Gesellschaft in Deutschland ausdrücklich kein religionsfreier Raum sein. »Kirchen und Glaubensgemeinschaften können und sollen öffentlich wirken und ihre Einmischung in öffentliche Angelegenheiten ist ausdrücklich erwünscht.« (Johannes Rau)

Kirchen und Christen haben ja etwas einzubringen in die Gesellschaft: die Überzeugung von der Würde jedes Menschen, die Sorge um Schwache und Notleidende, das Gebot der Nächstenliebe, grenzübergreifende Hilfe, die bleibende Aktualität der Zehn Gebote. Das sind jüdisch-christliche Überzeugungen, ohne die eine humane Demokratie nicht auskommen kann.

Demokratie ist kein Selbstläufer. Sie entsteht nicht von selbst und es gibt keine Garantie dafür, dass sie immer unangefochten bleibt. Man muss etwas für sie tun. Sie ist historisch durch große Anstrengungen errungen worden und muss heute gegen die Feinde der Demokratie verteidigt werden.

# 20. September – Weltkindertag

Am 20. September feiern »Unicef« und der »Deutsche Kinderschutzbund« den Weltkindertag. In Thüringen ist dieser Tag inzwischen gesetzlicher Feiertag und auch die Kirchen sind zunehmend auf diesen Tag aufmerksam geworden. In vielen Gemeinden finden inzwischen Gottesdienste statt und Kitas erinnern mit kreativen Aktionen an die Kinderrechte.

Oft wird an diesem Tag das Kinderevangelium aus dem Markusevangelium vorgelesen. »Dann brachten einige Leute ihre Kinder zu Jesus, damit er sie berühre und segne. Die Jünger aber wiesen die Leute zurück. Als Jesus das merkte, wie sie die Kinder wegjagten, wurde er zornig und sagte zu ihnen: Lasst die Kinder zu mir kommen und hindert sie nicht daran, denn gerade ihnen gehört das Reich Gottes. Ich sage euch, und das ist wahr: Wer das Reich Gottes nicht wie ein Kind annimmt, der wird es nie erfahren. Dann nahm er die Kinder in seine Arme, herzte sie und küsste sie und segnete sie.« (Markus 10,13-16)

Souverän setzt sich Jesus hier über die damals herrschende Vorstellung hinweg, nach der es sich bei der Kindheit erst um eine Vorstufe des eigentlichen Lebens handelt. Ganz im Gegenteil: Jesus spricht den Kindern ohne jede Bedingung und ohne jede Einschränkung das Reich Gottes zu. Nicht, weil sie die Zukunft der Kirche wären, sondern weil sie Kinder Gottes sind, die vor Gott mit leeren Händen dastehen und sich von ihm alles schenken lassen. Heißt das nicht zugleich, dass Kinder immer die Erfahrung machen sollten, unbedingt erwünscht und anerkannt zu sein?

»Lasst die Kinder zu mir kommen«, sagt Jesus. Bei jeder Taufe lesen wir die Geschichte von Jesus und den Kindern aus dem Markusevangelium. Mit der Taufe werden Kinder Mitglieder in der weltweiten Kirche Jesu Christi. Mit jeder Taufe übernehmen wir Mitverantwortung für den zukünftigen Weg dieser Kinder: Wie wird die Welt aussehen, in die diese Kinder hineinwachsen? Es darf uns nicht egal sein, ob diese Kinder in einer friedlichen und gerechten Welt aufwachsen können oder nicht.

Zwei Milliarden Kinder unter 15 Jahren leben auf dieser Erde. Noch immer sterben täglich mehr als 17.000 von ihnen an Hunger oder an vermeidbaren Krankheiten. Rund 100 Millionen Kinder haben kein Dach über dem Kopf und leben buchstäblich auf der Straße. Jedes Jahr werden mindestens zwei Millionen Kinder weltweit Opfer sexueller Ausbeutung.

Zwei Milliarden Kinder leben auf der Erde, aber welche Lebenschancen ein Kind hat, entscheidet sich auch heute immer noch daran, wo es geboren wurde, ob es schwarz oder weiß ist, ob es wohlhabende oder arme Eltern hat.

Am 20. November 1989 hat die UN-Vollversammlung die UN-Kinderrechtskonvention verabschiedet. In 54 Artikeln werden hier die Rechte der Kinder dieser Welt festgehalten. In Deutschland sind die meisten Kinderrechte auch in die Praxis umgesetzt worden – mit einer Ausnahme. Und gerade diese Ausnahme ist es, auf die wir als Kirche unser Augenmerk richten sollten: In Artikel 27 wird den Kindern das Recht auf »spiritual development«, auf eine religiöse Entwicklung zugesprochen.

Ein Großteil der Kinder wächst in Deutschland heute in einer Umgebung spiritueller Verarmung oder Leere auf. Kinder haben viele Fragen nach Gott und der Welt – doch sie erleben nicht selten, dass in der Familie oder auch in nicht-kirchlichen Kindergärten über diese Fragen nicht gesprochen wird. Es heißt dann, Kinder sollen sich später einmal selbst frei entscheiden können. Doch wie sollen sich Kinder für oder gegen etwas entscheiden können, was sie nie kennengelernt haben? In Wahrheit werden Kinder mit ihren Fragen, Anliegen, Interessen und Sorgen hier faktisch alleingelassen – eine Form der Vernachlässigung und der Missachtung des Rechtes der Kinder auf Religion, die freilich in der Öffentlichkeit und in den Medien kaum Beachtung findet.

Am 20. September ist Weltkindertag. Bis heute spielen Kinder in der Politik nur eine untergeordnete Rolle. Eine solche Haltung ist den Kirchen untersagt. Die Erinnerung an das Kinderevangelium, in dem Jesus die Kinder in den Mittelpunkt stellt, sie umarmt und »herzt« und ihnen das Reich Gottes zuspricht, ist aus der christlichen Tradition nicht mehr auszulöschen. Damit ist jede Geringschätzung von Kindern verboten.

Albrecht Dürer »Michaels Kampf mit dem Drachen«, Holzschnitt 39,1 x 28 cm, um 1497/1498, Kunstmuseum, Baltimore/USA

# Albrecht Dürer »Michaels Kampf mit dem Drachen«

Mit seinen Holzschnitten zur Apokalypse, seinem ersten großen Hauptwerk, wurde der 27-jährige Albrecht Dürer mit einem Schlag in ganz Europa berühmt. Nie zuvor waren die Endzeitvorstellungen der Offenbarung des Johannes so eindringlich dargestellt worden. Dem Bild liegt Offenbarung 12,7-9 zugrunde: »Und es brach im Himmel ein Krieg aus. Michael und seine Engel kämpften mit dem Drachen«. Der Engel Michael packt die Lanze mit beiden Händen und stößt sie mit aller Kraft in den Rachen des Ungeheuers. Dieser entscheidende Stoß beherrscht die ganze Szene. Der Kampf mit dem Drachen ist bereits gewonnen, das Böse muss nur noch herabgeschleudert werden. Unten schlummert menschenleer eine helle, idyllische Landschaft mit kleinen Städten, weitem Gewässer und Gebirge am Horizont.

# Herbst

*»Bunt sind schon die Wälder,*
*gelb die Stoppelfelder,*
*und der Herbst beginnt.*
*Rote Blätter fallen,*
*graue Nebel wallen,*
*kühler weht der Wind.«*

Das alte Volkslied aus dem 18. Jahrhundert beschreibt in wenigen Sätzen, was den Herbst ausmacht: Der Sommer ist vorüber, die Felder sind abgeerntet, die Tage werden kühler, morgens und abends steht der Nebel über den Wiesen, die Bäume verlieren ihre Blätter.

Das Wort »Herbst« bezeichnete ursprünglich »die Zeit der Ernte«, wie das englische »harvest« noch heute zeigt. Äpfel und Birnen, Zwetschgen und Pflaumen, Quitten und Walnüsse, Weintrauben und Pilze, Kastanien und Kürbisse werden jetzt geerntet. Alles ist im Herbst in verschwenderischer Fülle da. Vögel und Igel, Eidechsen und Siebenschläfer finden im Herbst einen reich gedeckten Tisch. Den brauchen sie auch, um gut durch den Winter zu kommen. Auch Blumen blühen noch: Astern und Dahlien, Chrysanthemen und Herbstzeitlose und immer noch die Rosen.

Wir nehmen Abschied vom Sommer, doch wenn es gut geht, mit einer grandiosen Abschiedsvorstellung in bunten herbstlichen Farben, mit klarem Licht bei mildem Wetter. Und überall diese silbernen Spinnenfäden, am Morgen taubehangen, glitzern sie wie kostbare Perlenketten. Wilhelm Busch dichtet:

*»Der schöne Sommer ging von hinnen,*
*der Herbst, der reiche, zog ins Land.*
*Nun machen all die guten Spinnen*
*so manches feine Festgewand.«*

Der Herbst ist die Zeit der Dichter. Goethe und Eichendorff, Fontane und Hermann Hesse, Erich Kästner und Ringelnatz – alle haben sie Herbstgedichte geschrieben. Eines der bekanntesten stammt von Rainer Maria Rilke:

*Herbsttag*
*»Herr, es ist Zeit.*
*Der Sommer war sehr groß.*
*Leg deinen Schatten auf die Sonnenuhren,*
*und auf den Fluren*
*lass die Winde los.«*

Das Gedicht beginnt wie ein Gebet: »Herr, es ist Zeit.« Gott ist für das Wetter zuständig, für Wolken und Regen. In den nächsten Versen sorgt er auch für Wachstum und eine gute Ernte:

*»Befiehl den letzten Früchten, voll zu sein;*
*gib ihnen noch zwei südlichere Tage,*
*dränge sie zur Vollendung hin und jage*
*die letzte Süße in den schweren Wein.«*

Dann aber wird auch die andere Seite des Herbstes angesprochen, die kalte und ungemütliche. Die Leichtigkeit des Sommers ist vorüber. Es bleibt länger dunkel, viele spüren jetzt ihre Einsamkeit, manche neigen im Herbst zu Depressionen:

*»Wer jetzt kein Haus hat, baut sich keines mehr.*
*Wer jetzt allein ist, wird es lange bleiben,*
*wird wachen, lesen, lange Briefe schreiben*
*und wird in den Alleen hin und her*
*unruhig wandern, wenn die Blätter treiben.«*

Im Herbst werden die Tage kürzer, es wird kälter und man muss mit den ersten Nachtfrösten rechnen. Der dicke Pullover, Mütze und Schal werden aus dem Schrank geholt und die empfindlichen Pflanzen müssen vor der Kälte geschützt werden. Es gibt viel zu tun im Garten: Die verwelkten Blumen müssen entsorgt, der Rasen gedüngt, der Kompost muss umgesetzt und immer wieder das Laub geharkt werden.

Am Himmel ziehen jetzt die Kraniche. Nun weiß man: Es heißt Abschied nehmen. Der Winter kündigt sich an. Die Natur bereitet sich auf den Winterschlaf vor. Heinrich Detering dichtet:

*»Die Krähen fallen ein in schwarzen Scharen,*
*ein später Zug von Schwalben nur entrinnt*
*den unbekannten kommenden Gefahren,*
*ein Jahr vergeht, ein anderes beginnt,*
*wir sind nicht mehr dieselben, die wir waren,*
*wir werden nie mehr die sein, die wir sind.«*

Der Herbst vermittelt eine Ahnung von der Vergänglichkeit des Lebens. Rainer Maria Rilke (»Herbst«) fängt diese Ahnung so ein:

*»Die Blätter fallen, fallen wie von weit,*
*als welkten in den Himmeln ferne Gärten;*
*sie fallen mit verneinender Gebärde.«*

Eine einfache Naturbeobachtung! Doch das Fallen der Blätter im Herbst ist nicht nur ein natürlicher Vorgang, der uns melancholisch stimmen kann. Die Blätter »fallen wie von weit, als welkten in den Himmeln ferne Gärten«. Hinter den biologischen Abläufen steht das Geheimnis eines Schöpfers, der in der Natur am Werke ist. Rilke gelingt es, das natürliche Geschehen in eine tröstliche Perspektive zu rücken:

*»Wir alle fallen. Diese Hand da fällt.*
*Und sieh dir andre an: es ist in allen.*
*Und doch ist Einer, welcher dieses Fallen*
*unendlich sanft in seinen Händen hält.«*

# 29. September – Michaelis

Wenn der Herbstanfang vorüber ist und die dunklen Tage wieder zunehmen, feiert die Kirche am 29. September den »Tag des Erzengels Michael und aller Engel«. Für die Reformatoren war Michaelis neben Weihnachten, Ostern und Pfingsten eines der vier christlichen Hauptfeste im Jahr. In den Gottesdiensten an diesem Tag singt man das Engellied »Heut singt die liebe Christenheit« (EG 234) und liest die Erzählung der Johannesoffenbarung über den Kampf Michaels und seiner Engel mit dem Drachen:

»Und es brach im Himmel ein Krieg aus. Michael und seine Engel kämpften mit dem Drachen. Und der Drache und seine Engel nahmen den Kampf auf, doch er vermochte sich nicht zu behaupten, und es gab für sie keinen Platz mehr im Himmel. Und hinabgeworfen wurde der große Drache, die alte Schlange, die auch Teufel oder Satan heißt und den ganzen Erdkreis verführt. Und er wurde auf die Erde geworfen, und seine Engel wurden mit ihm hinabgeworfen.« (Offenbarung 12,7-9)

Der Drache ist hier der Widersacher Gottes und seines Volkes auf Erden. Der Fürst der Engel, die Gott dienen, kämpft in der Vision des Johannes gegen den Fürsten der von Gott abgefallenen Engel. Der Erzengel Michael ist in der jüdisch-apokalyptischen Tradition der Schutzengel des Gottesvolkes. Der Kampf endet damit, dass der Drache und seine Engel aus dem Himmel auf die Erde gestürzt werden. Die Scheidung von Gut und Böse wird vollzogen: Der Himmel ist frei vom Bösen, nur die Erde gehört noch zum Herrschaftsbereich des Satans.

Als Schutzpatron der angegriffenen Christenheit spielt Michael im Christentum eine ungewöhnlich große Rolle. Dargestellt mit Rüstung, Schwert und Seelenwaage, spiegelt die Gestalt des Michael, der den Drachen in Schach hält und dann im Endkampf besiegen wird, den Kampf des Guten gegen das Böse schlechthin.

Von Süditalien aus, wo Michael im Jahre 493 leibhaftig erschienen sein soll, verbreitete sich die Verehrung des Erzengels im frühen Mittelalter in ganz Europa. Überall entstehen große Michael-Heiligtümer, das bekannteste, der Mont St. Michel, auf einer Insel vor der Küste der Normandie. Schon bei der siegreichen Schlacht des Franken Karl Martell gegen die Araber (732) und dann vor allem bei dem Sieg Ottos des Großen über die heidnischen Ungarn (955) wurden den siegreichen christlichen Heeren »Michaelsbanner« vorangetragen. Die besiegten Ungarn berichteten, dass ein »Gott mit goldenen Flügeln« (das Bild Michaels) den Feinden geholfen habe, den Sieg zu erringen.

813 ließ Karl der Große den Gedächtnistag für Michael auf den 29. September legen und vom Papst zum allgemeinen Feiertag erheben.

Michaelis war über lange Zeit einer der wichtigsten Schlüsseltage im Jahr. Ein Tag, an dem Miet-, Pacht- oder Zinszahlungen fällig wurden und die Dienstboten ihre Anstellung wechseln konnten. Die Ernte war eingebracht, an vielen Orten fanden Jahrmärkte und Kirchweihfeste statt. Ein wichtiger Tag auch für die Wetterbeobachtung: »Bringt Sankt Michael Regen, kannst du gleich den Pelz anlegen.«

Teufel und Drache sind heute aus unserer Vorstellungswelt entschwunden, aber mit dem Bösen um uns und in uns werden wir immer wieder konfrontiert. Da ist es gut zu wissen, dass wir ihm nicht schutzlos ausgeliefert sind. Es gibt auch die »guten Mächte« Gottes, die uns im Leben begleiten, trösten und uns stark machen.

# Erntedankfest – unzeitgemäß, aber nötig

Erntedankfeste sind uralt, auch in der Bibel werden sie erwähnt. Im Judentum feiert man gleich zweimal im Jahr Erntedank: einmal Schawuot, in der Zeit um Pfingsten, zu Beginn der Weizenernte, und dann das Laubhüttenfest im Herbst, nach der Obsternte.

In der bäuerlichen Welt früherer Zeiten hing von einer guten Ernte fast alles ab: Wohlstand oder Armut, Gesundheit oder Krankheit, Leben oder Tod. Entsprechend wichtig war sie wirtschaftlich und kulturell. Das Erntedankfest war darum bis weit ins 20. Jahrhundert, vor allem auf dem Lande, ein wichtiges Datum im Jahreslauf.

In Deutschland haben wir im letzten Jahrhundert zweimal erlebt, wie das Erntedankfest politisch instrumentalisiert wurde. Nach der Machtergreifung durch die Nationalsozialisten verfügte Adolf Hitler, dass das Erntedankfest zentral am ersten Sonntag im Oktober gefeiert werden soll. Der Erntedanktag galt fortan als einer der nationalen Feiertage des NS-Regimes. Auf der Grundlage der Blut- und Bodenideologie der Nazis sollte die Bedeutung des Bauernstandes für das Dritte Reich hervorgehoben werden. 1933 kamen zum ersten Mal mehr als eine Million Menschen, Vertreter aus allen »Gauen«, am »Reichserntedankfest« am Bückeberg, südlich von Hameln, zusammen, um Adolf Hitler, dem »obersten Gutsherrn des deutschen Volkes«, eine Erntekrone zu überreichen.

In der DDR hieß der Tag dann schlicht »Erntefest«, ohne Dank, denn die DDR-Staatsdoktrin kannte keinen, dem man danken sollte. »Ohne Gott und Sonnenschein bringen wir die Ernte ein«, hieß die Parole. Dafür wurden unzählige Schüler und Studenten zu Ernteeinsätzen verpflichtet.

Das Gefühl für die Bedeutung des Erntedankfestes ist heute etwas verblasst, aber es ist nicht verschwunden. Die meisten Menschen leben heute zwar in Städten und haben kaum noch Berührungen mit der Landwirtschaft. Aber viele haben einen Garten, in dem sie Gemüse anbauen. Doch bevor sie Salat und Tomaten, Zucchinis und Kürbisse ernten können, müssen sie pflanzen und gießen, beschneiden und Schädlinge bekämpfen. Ein Garten macht Arbeit. Der Boden muss verbessert und gedüngt, der Kompost umgesetzt, das Unkraut gejätet, die Pflanzen müssen gewässert und angebunden werden. Man macht sich dreckig, wühlt mit den Händen in der Erde, muss graben, hacken, rausreißen, schleppen und mähen. So ist das eben. Bevor man ernten kann, muss man sich kümmern. Von nix kommt nix.

Vor allem muss man säen, bevor man ernten kann. In der Bibel ist immer wieder von Saat und Ernte die Rede. Etwa im Gleichnis vom Sämann, der gegen alle landwirtschaftliche Vernunft auch auf den Weg, auf felsigen Boden und unter die Dornen sät – und doch bis zu hundertfacher Frucht einfährt. Wir kennen die Warnung des Paulus: »Wer da kärglich sät, der wird auch nur kärglich ernten« (2 Korinther 9,6) und die andere: »Was der Mensch sät, das wird er ernten.« (Galater 6,7)

Das Bild von Saat und Ernte spielt in der Bibel eine große Rolle, weil es den Zusammenhang vom Wirken Gottes und vom Tun des Menschen genau zur Sprache bringt: Gott wirkt, aber nicht ohne den Menschen, der den Samen in die Erde bringen muss. Das Wichtigste geschieht aber ohne uns. Das Wachsen-lassen können wir nicht machen. Nein, Gott wirkt im Verborgenen und langfristig. So wie es Matthias Claudius schon vor fast 250 Jahren in seinem Erntedanklied genau beschrieben hat:

*»Wir pflügen und wir streuen*
*den Samen auf das Land,*
*doch Wachstum und Gedeihen*
*steht in des Himmels Hand:*
*Der tut mit leisem Wehen*
*sich mild und heimlich auf*
*und träuft, wenn heim wir gehen,*
*Wuchs und Gedeihen drauf.*
*Alle gute Gabe kommt her*
*von Gott, dem Herrn.«*

Das ist die Botschaft des Erntedankfestes: Nichts ist selbstverständlich! Nicht die Kartoffeln auf dem Acker, nicht die Blumen im Garten, nicht die vielen Äpfel am Baum, nicht, dass alles in Überfülle da ist. Was wir empfangen, ist mehr als ein Austausch von Leistung gegen Ertrag. Es ist ein Geschenk aus der Hand Gottes.

Das ist in einer Zeit, in der grundsätzlich alles möglich und machbar erscheint, ein sperriger Gedanke. Darum ist Erntedankfest zu einem unzeitgemäßen, aber umso nötigeren Fest geworden.

# 4. Oktober – Welttierschutztag

Als Franz von Assisi eine große Schar Vögel sah, lief er zu ihnen und »begrüßte sie, als wären sie der Vernunft teilhaftig«. Sie erwarteten ihn und reckten ihre Hälse, als er zu ihnen sagte: »Meine Brüder Vögel, gar sehr müsst ihr euren Schöpfer loben, der euch mit Federn bekleidet und die Flügel zum Fliegen gegeben hat. Er wies euch die klare Luft zu und er regiert euch, ohne dass ihr euch zu sorgen braucht.« Als er ihnen das sagte, breiteten sie die Flügel aus und öffneten ihre Schnäbel, ohne davonzufliegen. Franz schritt mitten durch sie hindurch, machte das Zeichen des Kreuzes und segnete sie. Erst da flogen sie alle zugleich fort.

Eine andere Legende erzählt, wie Franz einem Wolf begegnet: Bei der Stadt Gubbio trieb sich ein großer wilder Wolf herum, der auch Menschen anfiel. Die Bewohner lebten in Angst und verließen ihre Stadt nicht mehr. Franz ging dem Wolf entgegen, der mit offenem Rachen auf ihn zugestürmt kam. Franz machte das Kreuzeszeichen über ihn und rief: »Komm zu mir, Bruder Wolf! Im Namen Christi befehle ich dir: Tu niemandem etwas zuleide!« Der Wolf lief herbei und legte sich Franz zu Füßen. Franz versprach dem Wolf, dass ihm die Menschen genug zu essen geben würden, damit er niemanden mehr anfallen müsse. Da legte der Wolf seine Tatze in die Hand von Franz. Gemeinsam gingen sie in die Stadt.

Viele Legenden erzählen von der Tierliebe des Franz von Assisi, der alle Tiere als Gottes geliebte Geschöpfe ansah: »Alle Geschöpfe der Erde fühlen wie wir, alle Geschöpfe streben nach Glück wie wir. Alle Geschöpfe der Erde lieben, leiden und sterben wie wir, also sind sie uns gleich gestellte Werke des allmächtigen Schöpfers – unsere Brüder.«

Am Todestag des Franz von Assisi, am 4. Oktober, feiern Tierschützer und Tierfreunde seit 1931 den Welttierschutztag. Dann protestieren Verbände und Vereine gegen das Leid der Tiere in Massentierhaltung, auf Tiertransporten, in den Schlachthöfen und fordern eine artgerechte Tierhaltung für die Haus- und Nutztiere in Deutschland.

Seit Jahren werden hierzulande heftige Diskussionen um Tierhaltung, Tierwohl und vor allem um das Essen von Fleisch geführt. Gerade jüngere Menschen zeigen hier eine gewachsene Sensibilität. Viele von ihnen sind inzwischen Vegetarier oder ernähren sich vegan.

Es ist völlig unbestreitbar, dass wir zu viel Fleisch essen. Pro Kopf und Jahr 60 Kilogramm sind zwar weniger als vor 30 Jahren, aber immer noch viel mehr als in der Generation unserer Großeltern, als in der Regel nur einmal in der Woche Fleisch auf den Tisch kam. 15 Kilo im Jahr wären gesund und ökologisch vertretbar. Denn die Produktion von einem Kilogramm Rindfleisch verursacht 13 Kilogramm $CO_2$ und verbraucht 15.000 Liter Wasser. Die Viehhaltung auf der Erde ist für 15 Prozent aller weltweiten $CO_2$-Emissionen verantwortlich. Das kann nicht so bleiben.

Jedes Jahr werden in Deutschland 750 Millionen Tiere geschlachtet – Hühner, Rinder, Schweine. Man erschrickt, wenn einem bewusst wird, mit welcher gnadenlosen Selbstverständlichkeit in den Schlachthöfen im Sekundentakt getötet wird, als wäre es das Normalste von der Welt.

Tiere sind empfindungsfähige Lebewesen. Sie empfinden Schmerz und Leid, Lust und Freude. Viele Tiere zeigen Fähigkeiten, die lange nur den Menschen zugeschrieben wurden. Raben zeigen Fairness gegenüber Artgenossen, Elefanten trauern um Familienmitglieder, Orang-Utans benutzen komplexe Werkzeuge, Hunde können Krankheiten erschnüffeln, Wale können über 100 Kilometer hinweg miteinander kommunizieren, Fledermäuse haben die Fähigkeit entwickelt, nicht zu altern.

Tiere haben ihren eigenen Wert, ihre eigene Würde, ihren eigenen Lebenssinn. Sie sind eigene Geschöpfe Gottes, sie gehören uns nicht und dürfen nicht einfach nach ihrem Nutzwert beurteilt werden.

Und – mehr und mehr Tiere sterben aus. Neben dem Klimawandel ist das Artensterben zurzeit die größte Bedrohung für unseren Planeten. Die Welt verliert täglich 380 Tier- und Pflanzenarten. In den letzten 100 Jahren ist der Vogelbestand bei uns um 80 Prozent zurückgegangen. Bienen, Hummeln, Schmetterlinge und Käfer bestäuben mehr als drei Viertel aller Nutzpflanzen. Doch zugleich ist die Zahl der Fluginsekten in den letzten Jahrzehnten in unseren Breiten um 76 Prozent zurückgegangen. Wir Menschen haben uns zu breit gemacht auf der Erde. Da bleibt für die Tiere nicht mehr viel Platz.

Dabei sind die Tiere nach der Bibel unsere Mitgeschöpfe: Fische, Amphibien und Vögel am fünften Tag erschaffen; Vieh, Gewürm und Tiere des Feldes zusammen mit den Menschen am sechsten Tag. »Ich glaube, dass mich Gott geschaffen hat samt allen Kreaturen«, sagt Martin Luther. Dass der Mensch allein auf der Erde lebt und die Tiere erfolgreich beiseitedrängt, ist in der Bibel so nicht vorgesehen. Gut, dass es ein Tierschutzgesetz gibt; besser noch wäre eine andere Haltung, eine andere Einstellung gegenüber den Tieren. »Der Gerechte erbarmt sich seines Viehs; aber das Herz der Frevler ist unbarmherzig«, heißt es in den Sprüchen Salomos (12,10). Und in bäuerlich-pietistischen Kreisen Württembergs kennt man das Sprichwort: »Wenn sich ein Bauer bekehrt, merkt es auch sein Vieh im Stall.« Es geht um Ehrfurcht vor allem Geschaffenen und Demut gegenüber anderen Kreaturen.

# Reformationstag – evangelisch aus guten Gründen

In neun Bundesländern ist der Reformationstag inzwischen zwar gesetzlicher Feiertag, für die meisten Bundesbürgerinnen und -bürger ist es dennoch ein Tag wie jeder andere, für viele Jüngere ist Halloween wichtiger. Der Reformationstag ist vor allem ein kirchliches Ereignis geblieben, ein Tag, an dem manche evangelische Christinnen und Christen in die Kirche gehen und den Gottesdienst besuchen.

Was kann man am Reformationstag feiern? Auch wenn der 31.10.1517 schon mehr als 500 Jahre her ist, ist es nicht verkehrt, daran zu erinnern, wie es zur Reformation kam, und darüber nachzudenken, welche Bedeutung sie auch heute noch für den christlichen Glauben haben kann.

Was heißt es, ein evangelischer Christ, eine evangelische Christin zu sein? Gibt es nicht auch ein evangelisches Grundgefühl, ein evangelisches Selbstverständnis, das einen dazu bringt zu sagen: »Ich bin evangelisch – und zwar aus guten Gründen?«

Ich glaube, das gibt es, und ich will versuchen, es zu beschreiben. Die entscheidende Frage ist genau die, die damals auch Martin Luther gestellt hat: Gibt es zwischen Gott und mir noch andere Instanzen, die den Glauben zu vermitteln oder zu regulieren haben? Priester etwa, die allein das Abendmahl feiern oder die Trauung gültig machen können; Bischöfe, denen man Gehorsam schuldig ist; den Papst oder die Kirche selbst etwa, die als Ganze nicht irren kann und weiß, was für mich gut oder schlecht ist? Oder stehe ich, genau wie jeder andere Mensch Gott allein gegenüber, angewiesen auf Gottes Gnade, und allein verwiesen auf das, was die Bibel mir zu sagen hat?

Die Reformation legte den Kern des Evangeliums wieder frei: die Botschaft von der bedingungslosen Liebe Gottes zum Menschen, die diesen von allen Bindungen befreit zum Dienst am Nächsten und an der Gemeinschaft. So wie Martin Luther es formuliert hat: »Ein Christenmensch ist ein freier Herr über alle Dinge und niemand untertan. Ein Christenmensch ist ein dienstbarer Knecht aller Dinge und jedermann untertan.«

Diese reformatorische Entdeckung war alles andere als harmlos. Sie hatte ungeheure Konsequenzen: Luther machte die Bibel zur einzigen Richtschnur für religiöse Lehrmeinungen. Weil sie in der Bibel nicht vorkamen, schaffte er das Fegefeuer, die Verehrung Marias, die Heiligen und die Reliquien ab. Er bestritt den Autoritätsanspruch des Papstes und der römischen Kirche. Er bestritt das Recht der Priester, als Vermittler zwischen Gott und den Menschen aufzutreten. Er bestritt das Recht der Kirche, Gottes Gnade zu verwalten. Die ganze Hierarchie wurde abgeschafft. Da ist jeder gleich, ob Frau oder Mann, Priester, Bischof, Papst, der, wie Luther sagt, aus der Taufe gekrochen ist. Da darf es keine Herrschaft geben über die Gewissen, keinen Zwang in Glaubensfragen. Da gibt es nur eine Bindung, die an Jesus Christus, und gerade diese Bindung macht frei, frei von allen Päpsten, Vorgesetzten und Prominenten, frei von Ketten und frei von Ängsten.

Wer diese Freiheit einmal geschmeckt und den Geschmack nicht wieder vergessen hat, ist ein evangelischer Christ, eine evangelische Christin. Wer diese Freiheit geschmeckt hat, weiß, dass sie in die Verantwortung stellt und Auswirkungen hat im Verhältnis zu anderen.

Die Reformation war die Wiederentdeckung der Freiheit eines Christenmenschen. Das hat mindestens vier Auswirkungen:

1. Wir denken oft: Was du wert bist, zeigt sich daran, was du aus deinem Leben gemacht hast. Die Bibel sagt genau das Gegenteil: Das Beste im Leben bekommst du geschenkt. Was unser Leben reich und wertvoll macht, Freundschaft, Liebe, Vertrauen, Vergebung, das kannst du dir nicht kaufen und nicht erarbeiten. Du musst dir und anderen nicht ständig beweisen, wie gut du bist. Die Sorge hat Gott dir längst abgenommen. Er sagt Ja zu dir, egal was du aus deinem Leben gemacht hast. Das ist evangelisches Grundgefühl.
2. Du musst nicht glauben, was du nicht glauben kannst. Du brauchst dir den Glauben nicht vorschreiben zu lassen. Deinen Verstand musst du nicht ausschalten. Die Zweifel gehören dazu. Gott hält das aus. Im Glauben müssen wir keine Profis werden, Amateure, das reicht. Das letzte Wort Luthers vor seinem Tode war: »Wir sind Bettler. Das ist wahr.«
3. Als evangelischer Christ sehe ich überhaupt nicht ein, wieso ich vor irgendeiner menschlichen Instanz auf die Knie fallen sollte. Die Evangelische Kirche steht dafür ein, dass nichts Menschliches vergöttert wird, weder der Staat noch das Volk, weder das Geld noch die Wirtschaft und auch nicht die Kirche! Wir sind frei und niemandem untertan!
4. Evangelisches Christentum verträgt sich nicht mit dem Rückzug nur noch ins Private. Eine gewisse politische Wachheit hat den evangelischen Glauben immer ausgezeichnet, ein Bewusstsein von politischer Mitverantwortung. Dabei geht es nicht ums bloße Meckern, sondern darum, sich einzumischen und Verantwortung zu übernehmen.

Es gibt gute Gründe, evangelisch zu sein.

# Reformationstag – »Ein feste Burg ist unser Gott«

*»Ein feste Burg ist unser Gott,*
*ein gute Wehr und Waffen;*
*er hilft uns frei aus aller Not,*
*die uns jetzt hat betroffen.*
*Der altböse Feind,*
*mit Ernst er's jetzt meint.*
*Groß Macht und viel List*
*sein grausam Rüstung ist,*
*auf Erd ist nicht seinsgleichen.«*

Für viele Protestantinnen und Protestanten ist »Ein feste Burg ist unser Gott« das Lutherlied schlechthin, gewissermaßen die Hymne der Reformation. Die einen lieben das Lied, weil es so kämpferisch daherkommt, Zuversicht verbreitet und protestantisches Selbstbewusstsein zum Ausdruck bringt. Anderen ist das Lied verdächtig, weil sie den Eindruck haben, dass es den Mund zu voll nimmt. Und manche verweisen darauf, dass dieses Lied oft missbraucht wurde: als antikatholischer und deutsch-nationaler Kampfgesang, als Begleitmusik zu Krieg und Militär. Und zeitweise wusste man »das Reich, das uns doch bleiben muss« und das Großdeutsche Reich nicht mehr zu unterscheiden.

Nach dem Zweiten Weltkrieg wollte man nichts mehr hören von »grausam Rüstung« und »Wehr und Waffen«. Kaum einer wagte mehr, das Lied zu singen. Mit gutem Grund war man misstrauisch geworden gegen eine Frömmigkeit, die nicht nur den eigenen

»Leib«, sondern dazu auch noch »Gut, Ehr, Kind und Weib dahinfahren« lässt.

Dabei hat Martin Luther die »Marseillaise der Reformation« (Heinrich Heine) 1527 nicht als politisches Lied, sondern als »Trost- und Bußlied« gedichtet in einer Zeit, in der die Pest im Land wütete. Überschrieben hat er das Lied mit: »Der 46. Psalm«. Unüberhörbar klingt Luthers Lied an die Worte dieses Psalms an: »Gott ist unsere Zuversicht und Stärke. Eine Hilfe in den großen Nöten, die uns getroffen haben.« Aus der »Zuversicht und Stärke« des Psalms ist in Luthers Lied die »feste Burg« geworden, ein Zufluchtsort, ein Ort, an dem man in Sicherheit war, geschützt vor Angreifern und Feinden. Ein anschauliches Bild!

Zu Luthers Zeiten standen überall Burgen im Land. Luther selbst hat zweimal in seinem Leben den Schutz einer Burg erfahren: 1521, als er auf dem Rückweg vom Wormser Reichstag zum Schein überfallen und zu seinem eigenen Schutz auf die Wartburg gebracht wurde. Und neun Jahre später, als er im Schutz der »Veste Coburg« mit Briefen und Informationen die Religionsverhandlungen auf dem Augsburger Reichstag begleitete.

Es waren andere Zeiten damals: Voller Unruhen und Aufruhr, der neue evangelische Glaube war von allen Seiten bedroht, Anhänger Luthers landeten auf dem Scheiterhaufen, der Kaiser führte ständig Krieg, die Türken standen vor Wien und alle paar Jahre brach die Pest aus und bedrohte ganze Landstriche. Luther selbst war gebannt und exkommuniziert, der Kaiser hatte ihn für vogelfrei erklärt, nur sein Kurfürst schützte ihn, aber er durfte sich nur in Sachsen aufhalten.

»Groß Macht und viel List«, das hat Luther selbst erlebt. »Nehmen sie den Leib, Gut, Ehr, Kind und Weib«, das war für ihn keine ferne Horrorvorstellung, das kam öfter vor. Luthers Lied beschreibt die Realitäten jener Zeit.

Heute wird in Deutschland niemand wegen seines Glaubens verfolgt. Gottesdienste werden im Fernsehen übertragen und der Staat unterstützt die Kirchen in ihrer Arbeit. Dafür ist aber der christliche Glaube der meisten Christen, evangelisch wie katholisch, ziemlich unauffällig geworden. Zahm und eher harmlos. Es kostet nichts, ein Christ zu sein. Wir haben unser Christentum weitgehend an unsere Lebensverhältnisse angepasst, ruhig und zurückhaltend. Vielleicht kommt uns Luthers Lied auch deswegen etwas pathetisch vor, mit dem »altbösen Feind«, mit »Wehr und Waffen« und »das Feld muss er behalten«.

Doch ich glaube, es kann nicht schaden, sich vom Kampfesmut und der Zuversicht des Liedes etwas anstecken zu lassen. Christlicher Glaube ist ja nicht nur Ja und Amen. Wir werden hoffentlich auch mal den Mund aufmachen, wenn alle anderen zum Unrecht schweigen. Wir werden doch hoffentlich dagegenhalten, wenn wieder einmal gegen Geflüchtete gewettert wird. Wir müssen auch mal streiten – für den Frieden, für Gerechtigkeit, für die Bewahrung der Schöpfung. Der Glaube ist auch Kampf. Gegen alle Ohnmachtsgefühle, in die wir uns zurückziehen möchten, stachelt er uns an: Wer an Gott, den Allmächtigen, glaubt, kapituliert nicht vor den Mächten dieser Welt. Denn:

*»Der Fürst dieser Welt,*
*wie sauer er sich stellt,*
*tut er uns doch nicht.*
*Das macht, er ist gericht't.*
*Ein Wörtlein kann ihn fällen.«*

»Ein feste Burg ist unser Gott« – ein Lied des kämpferischen christlichen Glaubens, voller Vertrauen und Zuversicht. Ich singe das Lied gerne.

Caspar David Friedrich »Die Lebensstufen« (Strandszene in Wiek) um 1834,
Öl auf Leinwand, 73 x 94 cm, Inv. Nr. 1217, Museum der Bildenden Künste, Leipzig

# Caspar David Friedrich »Die Lebensstufen«

Caspar David Friedrich malte diese allegorische Darstellung des menschlichen Lebenslaufs fünf Jahre vor seinem Tod. Fünf Personen sind dargestellt: Zwei Kinder, die eine kleine schwedische Fahne hochhalten; rechts daneben ein junges Mädchen. Links ein Mann mit Zylinder und braunem Frack, der sich nach einem älteren Mann umsieht, der mit Mantel, Barett und Stock in der rechten Hand auf die Gruppe zugeht.

Auf dem Meer fahren fünf Schiffe, größere und kleinere, am Horizont und in Küstennähe.

Es ist ein Bild der Heimkehr. So, wie die Schiffe dem Ufer entgegensegeln, so geht der alte Mann, vermutlich der Maler selbst, seinem letzten Ruheort entgegen. Caspar David Friedrich ist am Ende seines Lebensweges. Die Netze sind eingeholt, das Boot ist aufs Land gezogen. Er sieht noch einmal die Stufen seines Lebens in den jüngeren Menschen. Die schwedische Fahne in den Händen der Kinder ist wohl ein Hinweis auf die schwedisch-pommersche Kindheit des Malers. Friedrich blickt auf den Übergang vom Meer zum Himmel, vom düsteren Leben ins helle Jenseits. Vielleicht kommen die Schiffe, um ihn abzuholen?

# Novemberfeiertage – alles zu seiner Zeit

Der November ist der Monat der – meist ernsten – Gedenk- und Feiertage: Reformationstag, Allerheiligen, Allerseelen, am 9. November wird der Revolution und des Endes des Deutschen Kaiserreichs, der sogenannten Reichspogromnacht im Jahr 1938 und des Mauerfalls 1989 gedacht. Am 11. November ist Martinstag, dann folgen Volkstrauertag, Buß- und Bettag und der Totensonntag. Im zu Ende gehenden Jahr erinnern uns die Novemberfeiertage daran, dass alles Grenzen hat und wir nichts festhalten können.

»Alles hat seine Zeit«, heißt es beim Prediger Salomo. »Geboren werden hat seine Zeit und Sterben hat seine Zeit … Pflanzen hat seine Zeit und Ausreißen hat seine Zeit. Tanzen hat seine Zeit und Klagen hat seine Zeit.«

Alles zu seiner Zeit – das tut der Seele gut, das gehört zum heilsamen Rhythmus des Lebens. Aber nicht alles zur selben Zeit, denn wenn alles immer schon da ist, gibt es nichts mehr zu erwarten. Wenn alles im Überfluss vorhanden ist, verliert das Besondere seinen Wert. Um etwas wirklich wertschätzen und genießen zu können, muss man es entbehrt haben. Nach sieben Wochen Fasten schmeckt die Schokolade ganz besonders. Genussfähigkeit setzt Bedürfnisaufschub voraus.

Es gibt den Rhythmus des Lebens! Es gibt den Wechsel von Tag und Nacht, von Licht und Finsternis, von Wärme und Kälte. Es wäre nicht gesund, die Nacht zum Tag zu machen. Es gibt den Rhythmus vom Wach-sein und Schlafen, von Hungrig-sein und Satt-sein, von Arbeit und Ruhe. Wenn wir diesen Rhythmus ignorieren, reagiert unser Körper mit Erschöpfung und die Seele mit Stress. Es gibt den Wechsel der Jahreszeiten, Sommer und Winter, Frühling und Herbst.

Wir leben in Zeitrhythmen. Es gibt eine Zeit zu fasten und eine Zeit zu feiern. Es gibt die Zeit der Saat und die Zeit der Ernte. Es gibt einen Rhythmus des Lebens. Und man tut gut daran, sich daran zu halten.

Darum hat es einen tiefen Sinn, dass es den November mit seinen stillen Tagen gibt. Wir müssen im Leben auch mal zur Ruhe kommen, müssen auch mal in uns gehen und über die Vergänglichkeit des Lebens nachdenken.

Im November endet das Kirchenjahr, das über die Jahrhunderte den Jahreslauf in unseren Breiten ganz wesentlich mitbestimmte – und den Menschen half, im Rhythmus der Zeit zu leben. Bis auf den 1. Mai und den relativ jungen 3. Oktober haben alle unsere Feiertage einen christlichen Hintergrund. Ich denke, man muss nicht unbedingt wissen, wann der Weltwassertag oder der Welttourismustag ist, aber wenn Ostern, Drei Könige, Advent, Pfingsten, Christi Himmelfahrt oder Reformationstag in Vergessenheit gerieten, nähme die Gesellschaft Schaden. Denn eine Gesellschaft lebt ganz wesentlich auch aus ihrem kulturellen Gedächtnis, aus ihren gemeinsamen Festen und Feiertagen, ihren gemeinsamen Erzählungen.

Vor allem sorgt das Kirchenjahr dafür, dass die Geschichte des Jesus von Nazareth noch nach 2.000 Jahren nicht in Vergessenheit gerät: Weihnachten hören wir von seiner Geburt, Karfreitag denken wir an seinen Tod, Ostern erzählt von seiner Auferweckung, Pfingsten hören wir, dass seine Geschichte weitergeht. Ohne Jesus kein Sonntag, denn der Sonntag, der erste Tag der Woche, ist der Tag der Auferstehung Jesu. Die Feste des Kirchenjahres verbinden uns bis heute mit der Person, nach der wir uns Christen nennen. Sie stellen unser Leben in einen größeren Zusammenhang. Sich daran zu erinnern kann dem eigenen Leben wieder mehr Tiefe geben.

# 9. November – das Pogrom gegen die Juden

Man hat gesagt, der 9. November sei der »Tag der Deutschen«: Am 9. November 1918 dankte der letzte deutsche Kaiser ab und Philipp Scheidemann rief die Deutsche Republik aus. An diesem Tag, fünf Jahre später, scheiterte der Hitlerputsch in München. 1938 fielen am 9. November die Nazis über die Juden her. Ein Jahr später scheiterte an diesem Tag der Versuch des einsamen Widerstandskämpfers Georg Elser, Adolf Hitler zu töten. Und am 9. November 1989 schließlich fiel die Mauer in Berlin. Der 9. November ist in besonderer Weise ein Tag gegen das Vergessen.

In der Evangelischen Kirche gedenken wir am 9. November vor allem der Pogromnacht gegen die Juden im Jahr 1938. Zwei Tage zuvor, am 7. November 1938 verübte der 17-jährige Herschel Grynszpan in Paris ein Attentat auf den deutschen Diplomaten Ernst vom Rath. Der junge Jude wollte damit gegen die brutale Abschiebung von 17.000 Juden polnischer Nationalität aus Deutschland protestieren. Vom Rath starb am 9. November und Josef Goebbels schwor Rache und Vergeltung. Noch in der Nacht wurden alle Gauleiter und SA-Führer im ganzen Deutschen Reich telefonisch instruiert. SA-Schlägerkolonnen und Brandstifter zogen bald durch die Straßen und plünderten 7.500 Geschäfte jüdischer Eigentümer und ungezählte Wohnungen. Synagogen waren bevorzugte Ziele, die SA-Horden brachen die Türen auf, verwüsteten das Innere und legten schließlich Feuer. 1.400 Synagogen wurden zerstört. Die Feuerwehr hatte ausdrücklichen Befehl, diese Brände nicht zu löschen, sondern lediglich Nachbarhäuser zu schützen. Die Polizei war angewiesen worden, nicht einzugreifen. Im ganzen Land machte sich der von den Nazis angestachelte Mob das Vergnügen, in jüdische Wohnungen einzudringen, Mobiliar zu zerstören oder zu stehlen und verängstigte jüdische Mitbürger zu misshandeln und zu demütigen. Ungezählte von ihnen wurden aus den Betten geholt, verprügelt und durch die Straßen getrieben. Den Brandstiftern und Schlägertrupps schlossen sich vor allem halbwüchsige Jugendliche an, die nun einmal richtig etwas erleben wollten. An vielen Orten trieb auch Sensationslust die Menschen auf der Straße, wo dann aus Nachbarn plündernde Eindringlinge und aus Bürgern enthemmte Gewalttäter wurden. Die Aktionen hielten den ganzen 10. November an, bis Goebbels sie am Abend im Rundfunk für beendet erklärte. Das änderte aber nichts daran, dass in den folgenden Tagen zahlreiche wohlhabende jüdische Männer in »Schutzhaft« genommen wurden, was viele nicht überlebten. Den Juden wurde eine Vermögensabgabe von einer Milliarde Reichsmark als »Sühneleistung« auferlegt und sie wurden in den Folgemonaten aus dem Wirtschaftsleben praktisch ausgeschlossen.

Viele Deutsche empfanden im November 1938 Scham über das, was geschehen war. Den von Goebbels beschworenen »Volkszorn über die Juden« hat es nicht gegeben, wohl aber Mitleid. Viele fürchteten sich aber, dieses zu zeigen, und hatten zugleich Angst, dass so etwas nicht nur den Juden passieren könne, sondern auch anderen Bevölkerungsgruppen und sogar einem selbst. Aber man kam den bedrängten Juden am 9. November auch nicht zu Hilfe. Die große Mehrheit schwieg.

Und die Kirchen? Bischöfe und Superintendenten, Synoden und Theologieprofessoren, Kirchengemeinden und die allermeisten Pfarrer schwiegen zu den Ereignissen. Wohl empfanden viele von ihnen, wie Tagebücher zeigen, Scham und Entsetzen, aber der offene Protest blieb die seltene Ausnahme.

Der katholische Dompropst Bernhard Lichtenberg erklärte seiner Gemeinde in Berlin am Abend des Pogromtages: »Was gestern war, wissen wir. Was morgen ist, wissen wir nicht. Aber was heute geschehen ist, haben wir erlebt. Draußen brennt die Synagoge. Das ist auch ein Gotteshaus.« Fünf Jahre später starb Lichtenberg auf dem Transport ins Konzentrationslager.

In Württemberg nahm der evangelische Pfarrer Julius von Jan in seiner Bußtagspredigt kein Blatt vor den Mund: »Wer hätte gedacht, dass dieses eine Verbrechen in Paris bei uns in Deutschland so viele Verbrechen zur Folge haben könnte? Hier haben wir die Quittung bekommen auf den großen Abfall von Gott und Christus, auf das organisierte Antichristentum. Die Leidenschaften sind entfesselt, die Gebote Gottes missachtet, Gotteshäuser, die anderen heilig waren, sind ungestraft niedergebrannt worden, das Eigentum der Fremden geraubt oder zerstört; Männer, die unserem deutschen Volk treu gedient haben und ihre Pflicht gewissenhaft erfüllt haben, wurden ins KZ geworfen, bloß weil sie einer anderen Rasse angehörten. Mag das Unrecht auch von oben nicht zugegeben werden, das gesunde Volksempfinden fühlt es deutlich, auch wo man nicht darüber zu sprechen wagt.« Pfarrer von Jan wurde von einer motorisierten SA-Meute überfallen, misshandelt und von einem Sondergericht zu einem Jahr und vier Monaten Gefängnis verurteilt.

Warum muss man an all das immer noch erinnern?

Auf einer Tafel an der Holocaust-Gedenkstätte Yad Vashem in Jerusalem ist ein Zitat des jüdischen Gelehrten Baal Shem Tov festgehalten: »Das Geheimnis der Erlösung heißt Erinnerung.« Nur wenn wir das Böse erinnern, können wir es überwinden. Das, was damals geschah, kann wieder geschehen, und nur der, der die Geschichte erinnert, läuft nicht Gefahr, sie noch einmal erleben zu müssen.

# 11. November – Martinstag

*»Ich geh mit meiner Laterne*
*und meine Laterne mit mir.*
*Da oben leuchten die Sterne,*
*hier unten leuchten wir.*
*Mein Licht ist aus, wir geh'n nach Haus.*
*Rabimmel, rabammel, rabumm.«*

Dieses Lied kennt fast jeder. Am 11. November, dem Martinstag, gehen überall in Deutschland Kinder im Kindergartenalter abends mit ihren Eltern und mit leuchtenden Laternen durch die Straßen und singen es. Manchmal ist auch ein Reiter in römischer Rüstung mit rotem Mantel dabei, der dann als »Heiliger Martin« einem frierenden »Bettler« die Hälfte seines Offiziersmantels schenkt. Nach seinem Vorbild sollen wir als Christen zum Teilen und zur Barmherzigkeit mit armen Menschen angehalten werden. Und damit auch die Kinder das schon einüben können, bekommen sie für den Laternenzug eine »Martinsbrezel«, die sie nicht allein aufessen, sondern mit einem anderen Kind teilen sollen.

Der Brauch verweist auf Martin von Tours, einen Soldaten und späteren Bischof, dessen Fest am 11. November gefeiert wird. Er ist der Namenspatron aller Martins und damit auch Martin Luthers, der am 10. November 1483 geboren, einen Tag später getauft wurde und wie damals üblich den Namen des Heiligen seines Tauftages erhielt. Nach Martin von Tours sind aber auch unzählige Kirchen, auch Städte, Päpste und sogar eine Insel benannt. Kaum ein anderer katholischer Heiliger hat so viele Spuren in der Geschichte, in der Legende und im Brauchtum hinterlassen.

Dabei sind die wesentlichen historischen Fakten zu Martin von Tours schnell erzählt:

Martin wurde 316/17 in der römischen Provinz Pannonien, dem heutigen Ungarn, als Sohn eines römischen Offiziers geboren. Er wuchs im italienischen Pavia auf und trat mit 15 Jahren in die römische Armee ein. Er diente in einer Eliteeinheit, in der berittenen kaiserlichen Leibgarde. In dieser Zeit soll sich im nordfranzösischen Amiens, wohin er inzwischen versetzt worden war, die berühmte Szene abgespielt haben: Am Stadttor begegnete er im Winter einem fast unbekleideten frierenden Bettler. Martin selbst trug außer seinen Waffen und seinem Militärmantel nichts bei sich. Als er den unbekleideten Mann sah, fasste er sein Schwert, teilte seinen Mantel und gab die eine Hälfte dem Armen.

Mit 18 Jahren konvertierte Martin zum Christentum, ließ sich taufen und nahm zwei Jahre später seine Entlassung aus dem Militär. Er wurde Schüler des damals berühmten Bischofs Hilarius, zog sich als Einsiedler zurück und gründete 361 das erste Kloster im damaligen Gallien, dem heutigen Frankreich.

Zehn Jahre später wurde er zum Bischof von Tours gewählt. Auch als Bischof behielt er seine mönchische Lebensweise bei. Er weigerte sich, beim Gottesdienst auf einem eigens für ihn errichteten Thron zu sitzen, und benutzte stattdessen einen kleinen Hocker, wie er für jedermann üblich war. Zu seiner Residenz wählte er eine Klosterzelle. Sein Biograph Sulpicius Severus beschreibt den Bischof von Tours als asketischen Wundertäter mit starkem Gerechtigkeitssinn, der sich persönlich beim römischen Kaiser für verurteilte Menschen einsetzte. Am 8. November 397 starb er und sein Grab wurde schnell zur Wallfahrtsstätte.

Wie der barmherzige Samariter so stand und steht »Sankt Martin« für die Barmherzigkeit als christliche Tugend, die an menschlicher Not nicht gleichgültig vorbeigeht. Martin hat sich von der Not, der er begegnete, berühren lassen und unmittelbar gehandelt, nicht nur gefragt, »ob man da nicht einmal etwas machen müsste«, und auf andere gezeigt. So wie auch der barmherzige Samariter nicht an die Gefahr durch irgendwo in der Nähe lauernde Räuber dachte, sondern anhielt, den Überfallenen verarztete, auf seinen Esel lud und ihn auf seine Kosten versorgen ließ. Das ist christliche Humanität. Sie hat das christliche Europa, zumindest als Anspruch, über Jahrhunderte geprägt. Es scheint so, als ob das heute zu Ende geht, wo immer mehr Menschen sagen: »Wir können doch nicht allen helfen« oder »Was nützt das schon?«

Das alles muss uns aber nicht davon abhalten, am Martinstag mit den Kindern »Laterne zu gehen«. Auch wenn dieser Brauch der Lichterprozessionen mit dem Heiligen Martin gar nichts zu tun hat, sondern mit der am nächsten Tag beginnenden ursprünglich 40-tägigen Fastenzeit vor Weihnachten. In dieser Zeit durften keine Tiere geschlachtet und gegessen werden, also auch keine Gänse, die stattdessen am Tag vorher, am Martinstag, gegessen wurden. Gegen diese strengen Fastenregelungen protestierten die einfachen Gläubigen mit Fackelzügen. Im Lauf der Zeit verschwand der Protestcharakter in den Lichterprozessionen immer mehr. Aus dem Protestzug erwachsener Katholiken wurde ein Kinderumzug mit Laternen.

Ernst Barlach »Schwebender Engel«, 1927, Ehrenmal für die Gefallenen des Ersten Weltkriegs, Dom St. Marien, Güstrow/Mecklenburg-Vorpommern

# Ernst Barlach »Schwebender Engel«

Mit der Skulptur »Schwebender Engel« nimmt Ernst Barlach das Engelmotiv auf, verändert es jedoch entscheidend. Keine Flügelputte, kein alles segnender Engel. An einer Kette befestigt, schwebt der Engel zwischen Erde und Himmel und wird zum Mittler zwischen irdischer Welt und transzendenter Wirklichkeit. Die Arme sind über der Brust verschränkt. Der Kopf ist erhoben, Augen und Mund sind geschlossen. Der Engel ist ganz in sich versunken. Einer, der sich und sein Inneres gegen die Zudringlichkeit schützt. Der Engel behütet die Toten. In ihm und damit in der Wirklichkeit Gottes sind die Opfer der Kriege, die sinnlos Getöteten, ihr Leiden, ihre Schreie aufgehoben.

Nach eigenen Angaben schuf Barlach mit dem »Schwebenden Engel« eine Figur, »die ganz in sich geschlossen sei und ein Höchstes an Konzentration darstelle. Sie solle über den Alltag hinaus führen in eine andere Welt.«

Von diesem Engel geht eine große Stille aus. Jeder, der schon mal darunter gestanden hat, spürt sofort: Das ist ein besonderer Ort! Der Engel führt in eine andere Welt.

Barlachs Mahnmal löste von Anfang an Widerstände bei denen aus, die ein Heldengedenkmal erwartet hatten. Mit Zustimmung der Kirche wurde der Engel 1937 von den Nationalsozialisten als »entartete Kunst« eingeschmolzen. Anfang der 1950er-Jahre wurde ein Zweitguss des »Schwebenden Engels« in der Kölner Antoniterkirche aufgehängt.

# Volkstrauertag

Am vorletzten Sonntag des Kirchenjahres ist Volkstrauertag.

In jedem Ort, auf jedem Friedhof stehen, meist in zentraler Lage, Ehrenmäler oder Gedenksteine zur Erinnerung an die Toten der beiden Weltkriege. Bis heute werden dort am Volkstrauertag Kränze und Blumen niedergelegt, manchmal auch noch Reden gehalten. Auch in vielen Kirchen haben sich bis heute alte Erinnerungstafeln mit den Namen der Gefallenen des Ortes erhalten – nicht selten ein Gegenstand heftiger Diskussionen.

1926 beauftragte der Kirchengemeinderat in Güstrow den berühmten Bildhauer Ernst Barlach, ein Kriegerdenkmal für den Dom zu schaffen. Das Resultat war der »Schwebende Engel«. Die Figur trägt die Gesichtszüge von Käthe Kollwitz, die im Ersten Weltkrieg ihren Sohn verlor. Die Augen des Engels sind geschlossen, die Lippen stumm.

Die Skulptur erregte sofort den Zorn der nationalkonservativen Bürger: Kein Heroismus, kein Hinweis darauf, dass die Gefallenen ihr Leben für das Vaterland geopfert hätten. Nur Trauer und Schweigen. Als die Nazis an die Macht kamen, wurde Barlachs friedlicher Bronzeengel abgenommen, eingeschmolzen und das Metall für die Rüstung verwandt.

Die Nationalsozialisten machten aus dem Volkstrauertag einen »Heldengedenktag«. Nicht mehr das Totengedenken sollte im Mittelpunkt stehen, sondern die Heldenverehrung.

Diese Zeiten sind Gott sei Dank vorbei, aber welches Gedenken ist angemessen? In vielen Ländern gedenkt man der Toten der beiden Weltkriege mit Ansprachen, Kranzniederlegungen oder

Schweigeminuten. Wie würden die Toten selbst reagieren, wenn sie antworten könnten?

Ich kann mir nicht vorstellen, dass sie Wert darauf legen würden, für ihr Vaterland gestorben zu sein. Egal, ob es deutsche, britische oder russisches Soldaten waren. Ich denke, sie hätten heute nur eine Botschaft: »Hört endlich auf mit den sinnlosen Kriegen! Verständigt euch! Überwindet die alten Feindbilder!«

Vielleicht wären sie aber auch dankbar dafür, dass es Menschen gibt, die sich über die Grenzen hinweg um ihre Gräber kümmern, ihnen ihre Namen zurückgeben. Der »Volksbund Deutsche Kriegsgräberfürsorge« betreut 830 Kriegsgräberstätten in 46 Ländern mit den Gräbern von 2,8 Millionen toten Soldaten. Nicht nur deutschen, auch französischen, griechischen oder russischen. So viele Namen, so viele ausgelöschte Leben!

Wir können darauf vertrauen, dass diese Leben bei Gott nicht vergessen sind! Auch wenn keiner mehr lebt, der sich eines vor Zeiten gefallenen, getöteten oder auch ermordeten Menschen mehr erinnert, so bleibt es doch wahr, dass es diesen einen Menschen einmal gegeben hat. Auch wenn sich keiner mehr an ihn erinnert, in Gottes ewigem Gedächtnis geht er nicht verloren. Die Bibel spricht vom »Buch des Lebens«, in das unsere Namen unauslöschlich eingeschrieben sind. Und der Apostel Paulus schreibt: »Keiner von uns lebt für sich selbst, und keiner stirbt für sich selbst. Leben wir, so leben wir dem Herrn; sterben wir, so sterben wir dem Herrn. Ob wir nun leben oder sterben, wir gehören dem Herrn.«

Wie immer sie gestorben sind, im Tod hat sie jemand in Empfang genommen, der nicht auf ihre Nationalität, ihre Uniform oder ihren Dienstgrad geachtet hat.

# Buß- und Bettag

Ein kleines Mädchen ist allein unterwegs. Da hält ein Mann mit dem Auto an, zerrt das Mädchen hinein, missbraucht und erwürgt es. Bei einer Straßenkontrolle bittet eine Polizistin einen Autofahrer um die Papiere. Der lässt die Scheibe runter, richtet eine Pistole auf die Frau und schießt ihr mehrfach in den Kopf.

Das sind Ereignisse, die geschehen und jeden Tag in der Zeitung stehen. Gibt es für solche Taten eine gerechte Strafe? »Wer Menschenblut vergießt, dessen Blut soll wieder vergossen werden.« So steht es in der Bibel (1 Mose 9,6). Der Verbrecher muss weg, der Mörder muss sterben.

Dem König David wird von einem Fall erzählt, der weit harmloser ist. Als ein reicher Viehbesitzer Besuch bekommt, bringt er es nicht über sich, ein Tier aus seiner Herde für das Gastmahl zu schlachten, sondern nimmt das einzige Schaf seines armen Nachbarn, um seinen Gast zu bewirten. Voller Zorn unterbricht David den Propheten Nathan, der ihm dies berichtet: »Der Mann muss sterben.«

David merkt gar nicht, dass er damit sich selber das Todesurteil gesprochen hat. »Du bist der Mann!«, sagt Nathan zu ihm. »Du hast Bathseba, die Frau deines Soldaten Uria, in deinen Palast holen lassen. Du bist ein Ehebrecher gewesen. Und du hast Uria auf einen gefährlichen Posten stellen und durch deine Feinde umbringen lassen. Du hast dir dein eigenes Todesurteil gesprochen.« (2 Samuel 12,1ff.) So kann es dem ergehen, der eine fremde Geschichte hört und über einen fremden Fall urteilt. Er wird zum Richter in eigener Sache.

Wir haben keine Kinder missbraucht, keine Menschen beraubt und auch keinen Menschen getötet. Aber wer ist unter uns, der ohne Schuld wäre? Schuld ist mehr als ein Vergehen gegen die Strafgesetze, Schuld ist zuerst und vor allem eine Sache des Herzens, ein Mangel an Liebe. Immer gibt es welche, denen wir die Hilfe verweigert haben. Ohne Schuld ist keiner.

Auch wenn der Bußtag offiziell abgeschafft worden ist – das Anliegen der Buße sollte zumindest in der Evangelischen Kirche nicht in Vergessenheit geraten. Es gehört geradezu zu ihrer eigenen Identität. Denn die erste der 95 Thesen, die Martin Luther 1517 an die Tür der Schlosskirche zu Wittenberg schlug, redet davon, dass »das ganze Leben der Gläubigen« eine Buße sein soll. Gemeint ist: Im Glauben an Gott lernen Menschen, sich selbst und ihre Taten ohne Beschönigung zu sehen und daraus die Konsequenz zu ziehen, das eigene Leben in Ordnung zu bringen.

Zurück zum König David. David tut Buße! Er spricht zum Propheten Nathan: »Ich habe gesündigt wider den Herrn.«

Der große König steht als armer Sünder vor Gott. Doch das Todesurteil, dass er sich selbst gesprochen hat, wird nicht vollstreckt. Gott hebt es auf. Der Mörder darf leben, sagt Gott. Der Mörder muss sterben, sagt das Volk.

Wie die Evangelisten erzählen, verlangte das Volk vor 2.000 Jahren auch den Kopf eines Menschen. Der Ruf »Kreuzige ihn! Kreuzige ihn!« sollte nicht so schnell in Vergessenheit geraten. Jesus musste sterben. Wir Christen glauben: Er starb für unsere Schuld. Seit dem Tod Jesu braucht nach Gottes Willen kein Mensch mehr für die Schuld anderer Menschen zu sterben. Seit dem Tod Jesu sind die Sünder begnadigt und vor Gott frei. Wer weiß, dass er selber dazugehört, hört auf, den Tod anderer Menschen zu fordern.

# Friedhof

Die Unesco nahm 1994 erstmalig einen Friedhof in die Liste des Weltkulturerbes auf, den Waldfriedhof im Süden Stockholms. Die Natur spielt hier eine zentrale Rolle. Kiefernwald prägt den Ort, schlichte Grabsteine stehen zwischen den Bäumen, auffallende Grabmale sucht man hier vergebens. Ein Friedhof, der allein durch sein Landschaftsbild Trost vermitteln kann.

In Dortmund ist der Hauptfriedhof mit 118 Hektar die bei Weitem größte Grünanlage der Stadt; der kleinere Ostfriedhof gehört zu den schönsten Friedhöfen Deutschlands. Die 32.000 kommunalen und kirchlichen Friedhöfe in Deutschland sind für viele Menschen wichtige Orte der Ruhe und Erholung. Mit einer Gesamtfläche von mehr als 250.000 Hektar haben sie einen erheblichen Anteil am öffentlichen Grün in den Städten und sind Refugien der Stille im sonst eher lärmenden Alltag der Städte.

Friedhöfe sind aber noch mehr als nur Grünanlagen. Wer auf einem Friedhof das Grab eines Angehörigen besucht, sieht auf Grabsteinen noch andere Namen, die ihm etwas »sagen«: Personen, mit denen ihn Erinnerungen verbinden, oder auch Lebensdaten, die einem zu denken geben. Man erschrickt, wie kurz ein Leben war, oder staunt, wie lange jemand gelebt hat. Friedhöfe sind auch Orte der Verkündigung. Auf vielen Grabsteinen sieht man Bibelverse; über manche Symbole, etwa ein Schmetterling, die aufgehende Sonne oder fliegende Vögel, muss man nachdenken. Auf dem Grabstein Johannes Raus in Berlin steht nichts von Bundes- oder Ministerpräsident, sondern nur der schlichte Satz: »Der war auch mit dem

Jesus von Nazareth.« So predigt der Predigersohn aus Wuppertal noch nach seinem Tode.

Der Friedhof ist ein Ort der Erinnerungen und ein Teil der öffentlichen Gemeinschaft, von dieser getragen und gepflegt. Als öffentlicher Ort sollte er für alle zugänglich und auch erreichbar sein, die dort trauern oder Gelegenheit zur Erinnerung haben möchten.

Viele Menschen sehen das heute anders. Sie möchten anonym bestattet werden: Ohne Name, ohne Ort, nicht mehr auffindbar. Oft aus Kostengründen oder um den Hinterbliebenen die Grabpflege zu ersparen – aber es geht wohl noch um mehr. Die Bestattungskultur befindet sich in einem Wandel und manches droht verloren zu gehen, was früher einmal die Würde einer christlichen Bestattung ausmachte. Sollte man in einer Traueranzeige wirklich schreiben: »Von Beileidsbekundungen am Grab bitten wir abzusehen«, oder: »Die Beisetzung findet in aller Stille statt«? Am Grab zusammenstehen, die Anteilnahme vieler Menschen spüren, das hilft, die eigene Trauer zu bewältigen. Gemeinschaft tröstet – und gibt dem Verstorbenen zugleich die Würde eines öffentlichen Abschieds.

Diese solidarische Vorstellung von Beerdigung und Friedhof geht auf das frühe Christentum zurück. In der antiken Gesellschaft gab es nur private Grabstätten, denn Begräbnisse waren eine Angelegenheit der reichen Familien. Hatten Menschen keine Familie oder kein Geld, wurden sie in Massengräbern oder Sandgruben verscharrt. Erst die christliche Kirche organisierte eine Bestattung für alle Christenmenschen, ungeachtet ihrer Vermögensverhältnisse oder ihrer familiären Herkunft. Die Bestattung der Toten gehörte zu den »Sieben Werken der Barmherzigkeit«, sie war nicht mehr nur eine Sache jedes Einzelnen, sondern eine Angelegenheit der christlichen Gemeinde. Das sollte zeigen: Wir haben die Toten nicht vergessen, sie gehören zu uns, zu einer Gemeinschaft, die über den Tod hinausreicht – ein tröstlicher Gedanke.

# Totensonntag

Am letzten Sonntag im Kirchenjahr ist Totensonntag. Einmal im Jahr gedenken wir unserer toten Angehörigen: die Katholiken an Allerseelen (2. November), die evangelischen Christen am Totensonntag. Der preußische König Friedrich-Wilhelm III. hat diesen Tag 1816 als »allgemeines Kirchenfest zur Erinnerung an die Verstorbenen« eingeführt.

Für viele ist Totensonntag ein Tag voller Erinnerungen an die verstorbenen Angehörigen und Freunde. Die Trauer kommt wieder hoch und ein Gefühl der Einsamkeit stellt sich ein, Verlust und Trennung machen das Herz schwer. Viele gehen am Totensonntag zu den frisch geschmückten Gräbern der Angehörigen. Blumen und Kränze auf den Gräbern sollen zeigen: Wir haben euch nicht vergessen!

Nichts dauert ewig, alles ist vergänglich! Das spüren wir vor allem im Trauermonat November und besonders am Totensonntag.

Von der Vergänglichkeit spricht auch der 90. Psalm, der Psalm des Sonntags, der deutlicher als jeder andere biblische Text das Gefühl der vergehenden Zeit anspricht:

*»Herr, du bist unsere Zuflucht für und für.*
*Ehe denn die Berge wurden*
*und die Erde und die Welt geschaffen wurden,*
*bist du, Gott, von Ewigkeit zu Ewigkeit.«*

Wer will das begreifen? Da ist mit unseren Uhren und Kalendern nichts mehr zu zählen. Die Höhepunkte und Katastrophen der

Geschichte – ein Atemzug des Schöpfers, ein leiser Hauch über den Straßen der Ewigkeit. Wie von einem hohen Berg sehen wir unsere Welt tief unter uns liegen und spüren: Das ist unser Leben im Angesicht der Ewigkeit Gottes.

*»Der du die Menschen lässest sterben*
*und sprichst: Kommt wieder, Menschenkinder!*
*Denn tausend Jahre sind vor dir*
*wie der Tag, der gestern vergangen ist,*
*und wie eine Nachtwache.*
*Du lässest sie dahinfahren wie einen Strom,*
*sie sind wie ein Schlaf,*
*wie ein Gras, das am Morgen noch sprosst,*
*das am Morgen blüht und sprosst*
*und des Abends welkt und verdorrt.«*

Wahr ist: Da ist einer, der war, ehe ich zu leben begann, und der sein wird, wenn ich längst tot bin. Wahr ist auch: Ich lebe nicht ewig, meine Zeit wird auch einmal zu Ende sein. So viele Menschen, die vor uns gelebt haben! Generationen um Generationen. Von den allermeisten wissen wir gar nichts, keine Namen, nicht, was sie getan oder nicht getan haben. Gestorben sind sie alle, festhalten konnten sie nichts, weder Geld, noch Glück, noch Schönheit.

*»Unser Leben währet siebzig Jahre*
*und wenn's hoch kommt,*
*so sind's achtzig Jahre,*
*und was daran köstlich scheint,*
*ist doch nur vergebliche Mühe;*
*denn es fähret schnell dahin, als flögen wir davon.«*

Eine harte, eine unbequeme Wahrheit! Wir arbeiten für die paar Jahre unseres Lebens und hoffen vielleicht, das käme unseren Kindern und Kindeskindern auch noch zugute oder irgendwelche Leute würden sich später noch lange an uns erinnern. Doch keine Arbeit ist für die Ewigkeit, auch wenn manche Leute das vielleicht denken.

So nimmt uns der 90. Psalm alle Illusionen und lehrt uns zugleich, unser Leben nüchtern und realistisch zu sehen. Das geht nicht, ohne auch das Lebensende zu bedenken:

> *»Lehre uns bedenken, dass wir sterben müssen,*
> *auf dass wir klug werden.«*

Das Sterben nicht verdrängen bringt Weisheit für das Leben. Manche wissen viel, sind sehr gebildet, haben viel Einfluss, aber sind zugleich höchst töricht, wenn es um das Verständnis des eigenen Lebens geht. Wie unheimlich können sich Menschen in der Beurteilung ihres Lebens verschätzen! Wer einmal das Sterben eines Menschen über Stunden und Tage bewusst erlebt hat, der wird für sein eigenes Leben lernen, das Wichtige vom Unwichtigen zu unterscheiden.

Meine Weisheit nimmt zu in dem Maße, in dem ich mir meiner eigenen Grenzen bewusst werde.

Im Gottesdienst am Totensonntag werden die Namen der verstorbenen Gemeindeglieder verlesen. Der alten und zuletzt sehr kranken Menschen, deren Tod eine Art Erlösung war. Und der anderen, die unerwartet und plötzlich gestorben sind. Der Toten, zu deren Bestattung viele Trauergäste gekommen waren, und der anderen, die keine Angehörigen mehr hatten. »Der Tod macht alle gleich. Er frisst Arm und Reich«, sagt der Volksmund. Am Totensonntag nehmen wir noch einmal Abschied. Wir können uns erinnern, aber die Toten antworten nicht. Sie bleiben stumm. Wo können unsere Gedanken, unsere Erinnerungen sie jetzt erreichen? Wo sind die Toten?

Die Antwort im Buch der Weisheit Salomos ist tröstlich: »Der Gerechten Seelen sind in Gottes Hand, und keine Qual rührt sie an. Die unverständigen Spötter halten sie für tot und dass sie uns verlassen mussten, wird als ein Unglück betrachtet. Aber – sie sind im Frieden!« (Weisheit 3,1f.)

# Totensonntag – Trauer und Trost

Jeder Mensch trauert anders. Eine Frau, deren Mann unerwartet an einem Herzinfarkt verstorben war, zog sich nach der Beerdigung ganz zurück. Freundinnen kamen nicht mehr an sie heran, sie ging nicht mehr zu ihrer Gymnastikgruppe, Einladungen blockte sie ab. Sie wollte mit ihrem Schmerz allein sein. Ihr Mann fehlte ihr. Erst nach einem Jahr ging sie wieder zu einer Chorprobe.

Bei einer anderen Frau war es ganz anders. Nach dem Tod ihres Mannes, den sie zuletzt aufopferungsvoll gepflegt hatte, buchte sie eine »Trauerreise«. Sie hatte das Gefühl, mal »raus« zu müssen und wieder unter Menschen zu sein. Die Gespräche und die Gemeinschaft mit Menschen, die vergleichbare Erfahrungen gemacht hatten, taten ihr gut.

Trauer verläuft so individuell und verschieden, wie die Menschen sind, die trauern. Manche Hinterbliebene haben Panikattacken, andere suchen nach kurzer Zeit Ersatzbeziehungen. Die einen ziehen sich zurück und wirken wie gelähmt, andere fangen an, ihr Leben auf den Kopf zu stellen. Die einen neigen zu Depressionen, andere greifen zu Tabletten und Alkohol. Manche werden krank, wieder andere wirken wie befreit, blühen auf und werden kreativ. Oft regiert ein- und derselbe Mensch extrem wechselhaft. Das kann für Angehörige und Freunde manchmal irritierend sein. Doch in der Trauer gibt es kein richtig oder falsch.

Die Trauer hat sich verändert. Auf Todesanzeigen und auch auf Grabsteinen sieht man immer häufiger Fotos der Verstorbenen – deutliches Zeichen für die Privatisierung der Trauer. In vielen

Todesanzeigen rückt das Verhältnis zwischen den Angehörigen und den Verstorbenen ins Zentrum: Sie war »der Mittelpunkt der Familie«, »für uns alle da«, »herzensgut«, »stets bescheiden«, »ein guter Mensch«. Und die Hinterbliebenen versichern, »fassungslos« und »untröstlich zu sein«.

Die meisten Trauersprüche kreisen um das Thema Erinnerung. Beliebt sind Albert Schweitzers Worte: »Das einzig Wichtige im Leben sind die Spuren von Liebe, die wir hinterlassen«; häufig findet man auch: »Das Schönste, was ein Mensch hinterlassen kann, ist ein Lächeln im Gesicht derjenigen, die an ihn denken.« Bibelverse und christliche Symbole, etwa das Kreuz, sind aus den Traueranzeigen noch nicht verschwunden, aber sie sind erkennbar in den Hintergrund gerückt. Man hält sich an das, was man für machbar hält: In Erinnerung behalten! Doch ein paar Jahrzehnte nach unserm Tod lebt kaum noch jemand, der uns kannte. »Wir werden dich nie vergessen!« – das ist ein unhaltbares Versprechen.

Die Trauer bleibt eine Lebenskrise, in der man, wie in allen Krisen, persönlich wachsen und reifen kann, von der man als Trauernder aber doch möchte, dass sie auch wieder vorübergeht. Dafür muss man nach herrschender Meinung heute aber auch viel tun, wie der unglückliche Begriff der »Trauerarbeit« zeigt. Trauer wird zur Arbeit und der Trost hängt dann von einer Aktivierung unserer Selbstheilungskräfte ab. Doch kann man sich am eigenen Schopf aus dem Sumpf ziehen? Der Verlust eines geliebten Menschen kann nicht durch »erfolgreiche Trauerarbeit« kompensiert werden. »Es geht nicht darum, das Loch zu füllen, sondern damit zu leben.« (Gian Domenico Borasio)

Zu den wichtigsten Aufgaben in der Trauerzeit gehört es, auf das gemeinsame Leben mit dem Verstorbenen zurückzublicken, sich zu erinnern und sich darüber klar zu werden, welchen Sinn die gemeinsame Zeit für das eigene Leben hatte. Dabei kann einem bewusst werden, was man dem Toten schuldig geblieben ist, was man ihm gern noch gesagt hätte, wofür man ihm gern noch gedankt oder um Verzeihung gebeten hätte. Das Gefühl des erlittenen Verlustes wird bleiben, aber mit der Zeit können auch Gefühle der Dankbarkeit für die gemeinsame Zeit hinzutreten. Der Verstorbene wird zu einem wesentlichen und dankbar erinnerten Bestandteil der eigenen Lebensgeschichte.

Der Trost des christlichen Glaubens geht noch über die dankbare Erinnerung hinaus. Auf manchen Grabsteinen stehen die Worte: »Hier ruht in Gott«. Darin äußert sich die Überzeugung, im Tod von Gott aufgenommen zu werden. Ist der Tod nicht das absolute Ende, dann muss auch der Abschied von einem geliebten Menschen kein endgültiger sein. Es gibt eine Instanz, eine Macht, die Tote und Lebende verbindet und umfängt. »Gott ist nicht ein Gott der Toten, sondern der Lebenden; denn ihm leben sie alle«, sagt Jesus im Lukasevangelium (20,38). Im Glauben hoffen wir, dass die Toten nicht einfach vergangen und verloren sind, sondern in Gott ruhen.

FSC
www.fsc.org
MIX
Papier | Fördert gute Waldnutzung
FSC® C084279

Penguin Random House Verlagsgruppe FSC® N001967

1. Auflage


Druck und Bindung: Print Consult, München
ISBN 978-3-579-07487-0
www.gtvh.de